. LES

ACCIDENTS DU TRAVAIL

EN DROIT INTERNATIONAL

PAR

LOUBAT

PROCUREUR GÉNÉRAL A LYON

PARIS

LIBRAIRIE GÉNÉRALE DE DROIT & DE JURISPRUDENCE

Ancienne Librairie Chevalier-Marescq et Cie et ancienne Librairie F. Pichon réunies

F. PICHON et DURAND-AUZIAS, ADMINISTRATEURS

Librairie du Conseil d'Etat et de la Société de Législation comparée

20, RUE SOUFFLOT, (5e ARR^t)

1911

ACCIDENTS DU TRAVAIL

EN DROIT INTERNATIONAL

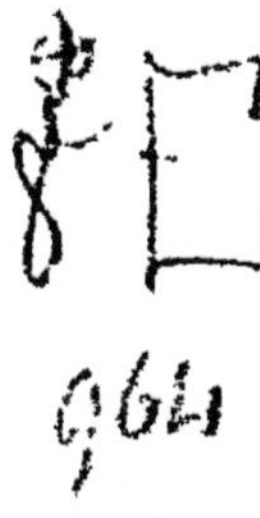

OUVRAGES DU MÊME AUTEUR

Des formalités du mariage, simplifiées par la loi du 20 juin 1896. 1897, 1 vol. in-8 . . . . **5** »

Code de la législation contre les anarchistes, contenant le commentaire de la loi du 28 juillet 1894, ayant pour objet de réprimer les menées anarchistes, suivi du commentaire des lois du 12 décembre 1893 modifiant la loi sur la presse, du 18 décembre 1893, sur les associations de malfaiteurs, du 18 décembre 1893, sur la fabrication et la détention des explosifs; 1895, 1 vol. in-8 . . . . **5** »

Des accidents agricoles, loi du 30 juin 1899 ; 1902, 1 vol. in-8, **10** »

Traité sur le risque professionnel ou commentaire de la loi du 9 avril 1898 concernant les responsabilités des accidents dont les ouvriers sont victimes dans leur travail et des lois des 24 mai, 29 et 30 juin 1899, 22 mars 1902, 31 mars 1905, 12 avril 1906 et 18 juillet 1907 : 3e édition entièrement refondue et mise au courant de la législation et de la jurisprudence; 1907, 2 vol. in-8 . . . **18** »

LES
ACCIDENTS DU TRAVAIL
EN DROIT INTERNATIONAL

PAR

LOUBAT

PROCUREUR GÉNÉRAL A LYON

PARIS

LIBRAIRIE GÉNÉRALE DE DROIT & DE JURISPRUDENCE

Ancienne Librairie Chevalier-Marescq et Cie et ancienne Librairie F. Pichon réunies

F. PICHON et DURAND-AUZIAS, ADMINISTRATEURS

Librairie du Conseil d'État et de la Société de Législation comparée

20, RUE SOUFFLOT, (5e ARRt)

——

1911

AVANT-PROPOS

La détermination des droits appartenant aux ouvriers étrangers victimes d'accidents du travail en France, et aux ouvriers français victimes d'accidents du travail à l'étranger, le conflit des lois qui souvent en résulte, présentent de nombreuses difficultés qui n'ont pas été approfondies jusqu'à ce jour. D'autre part, des traités diplomatiques sont intervenus pour réglementer les relations de divers pays en matière d'accidents du travail ; il nous a paru utile de les réunir et de les analyser. Ce sujet nous a semblé assez important pour faire l'objet d'une étude spéciale et complète.

Nous avons divisé notre travail en huit chapitres portant les titres suivants : 1° *Économie de la législation française et comparaison avec les législations étrangères* ; 2° *Territorialité et exterritorialité de la loi française et des lois étrangères sur les accidents du travail* ; 3° *Ouvriers français victimes d'accidents à l'étranger et ouvriers étrangers victimes d'accidents en France* ; 4° *Droits des ouvriers étrangers victimes d'accidents en France* ; 5° *Procédure applicable aux accidents arrivés à des ouvriers français à l'étranger et à des ouvriers étrangers en France* ; 6° *Conflit des lois sur les accidents du* travail ; 7° Effets de l'assurance contre les accidents du travail dans le conflit des lois et des jugements ; garanties ; 8° Traités diplomatiques concernant les accidents du travail.

LES ACCIDENTS DU TRAVAIL

EN DROIT INTERNATIONAL

CHAPITRE PREMIER

ÉCONOMIE DE LA LÉGISLATION FRANÇAISE
ET COMPARAISON AVEC LES LÉGISLATIONS ÉTRANGÈRES

§ 1er. — Législation française

La première loi en France sur la responsabilité et la réparation des accidents du travail fut celle du 9 avril 1898. Elle embrasse les entreprises industrielles sans aucune exception : industrie du bâtiment, usines, manufactures, chantiers, ateliers, entreprises de transport, de chargement et de déchargement, magasins publics, mines, minières, carrières et toute exploitation ou partie d'exploitation dans laquelle sont fabriquées ou mises en œuvre des matières explosives, ou bien dans laquelle il est fait usage d'une machine mue par un moteur inanimé (art. 1er).

La loi du 30 juin 1899 est venue ensuite étendre les dispositions de la loi du 9 avril 1898 aux accidents de l'agriculture occasionnés par l'emploi de machines agricoles mues par des moteurs inanimés et dont sont victimes les personnes occupées à la conduite ou au service de ces moteurs ou machines. La responsabilité de ces accidents est à la charge de l'exploitant du moteur, et on doit considérer comme exploitant l'individu ou la collectivité qui dirige le moteur ou le fait diriger par ses préposés. La loi du 9 avril 1898 n'est pas applicable à l'agriculture en dehors de l'emploi de machines à moteur inanimé (1).

La loi du 30 mars 1905 a apporté de nombreuses modifications à celle du 9 avril 1898, notamment en ce qui concerne les ouvriers étrangers. La première loi sur les accidents contenait à cet égard seulement deux dispositions portant : 1° que les ouvriers étrangers victimes d'accidents, qui cesseraient de résider sur le territoire français, recevraient pour toute indemnité un capital égal au triple de la rente leur revenant ; 2° que les représentants d'un ouvrier étranger n'auraient droit à aucune indemnité si, au moment de l'accident, ils ne résidaient pas sur le territoire français.

La loi du 30 mars 1905 a d'abord précisé que l'exclusion des ayants droit de l'ouvrier étranger non résidents en France, s'applique uniquement aux ayants droit de nationalité étrangère. Elle a ensuite édicté contre les ayants droit étrangers qui cessent de résider sur le territoire français la même déchéance que contre les ouvriers eux-mêmes. Enfin, si cette dernière innovation, quoique dans la logique du système de la loi française, était un recul, la loi de 1905 a marqué, d'autre part, un grand progrès en autorisant le gouvernement à modifier par des traités diplomatiques les

---

(1) V. Loubal, *Des accidents agricoles*, p. 67 et s.

disposition de la loi de 1898 relatives aux ouvriers étrangers, en faveur de ceux dont les pays d'origine garantissent à nos nationaux des avantages équivalents.

Plus tard, la loi du 12 avril 1906 a soumis toutes les entreprises commerciales à la législation sur la responsabilité des accidents.

Enfin la loi du 18 juillet 1907 a donné à tout patron non assujetti à la loi du 9 avril 1898 la faculté de se placer volontairement sous le régime de cette loi.

Ces diverses lois frappent toutes les entreprises industrielles ou commerciales ayant leur siège en France, y compris les ouvriers détachés temporairement par ces entreprises en pays étranger.

En ce qui concerne les ouvriers étrangers, le législateur français, au lieu de s'élever hardiment au-dessus des conceptions étroites de la législation allemande, semble malheureusement n'avoir eu d'autre objectif que de lui riposter par des mesures de rétorsion. C'est, en effet, aux lois allemandes des 6 juillet 1884 (art. 6, §§ 1, et 67) et 11 juillet 1887 (art. 6, § 1er), qu'ont été empruntés le rachat de la rente des ouvriers étrangers qui cessent de résider sur le territoire, et l'exclusion de tout droit à réparation des ayants droit non résidents dans le pays au jour de l'accident. Plus tard, la loi allemande du 30 juin 1900 (art. 21) ayant donné au Conseil fédéral la faculté de rendre ces dispositions inapplicables aux ressortissants des États étrangers dont la législation garantit aux ouvriers allemands un traitement correspondant, la loi française du 30 juin 1905 admit, à son tour, une innovation analogue.

Dans l'état de la législation française sur les accidents du travail, la condition des ouvriers étrangers est la suivante :

L'ouvrier étranger victime d'un accident du travail en France, est assimilé à l'ouvrier français. Dans le cas de simple incapacité temporaire, cette règle est absolue et ne subit aucune exception : l'ouvrier étranger dont la capacité de travail n'est pas diminuée, a les mêmes droits que l'ouvrier français à l'indemnité journalière et aux frais de maladie, alors même qu'il cesse de résider en France après l'accident (1).

Il en est autrement si l'accident a occasionné une incapacité permanente ou la mort. Dans le premier cas, l'ouvrier étranger a droit, en principe, aux mêmes indemnités que l'ouvrier français : mais s'il cesse de résider en France après l'accident, il reçoit en remplacement de la rente viagère qui lui est due, un capital égal au triple de cette rente.

Dans le second cas (accident mortel), les représentants français de la victime ont les mêmes droits que les représentants des ouvriers français.

Les représentants étrangers ne sont assimilés aux représentants français qu'à deux conditions : la première, qu'ils résident en France au moment de l'accident : la seconde, qu'ils conservent leur résidence sur le territoire français après l'accident. S'ils ne résident pas en France au jour de l'accident, ils sont privés de tout droit à une indemnité ; s'ils cessent d'y résider

(1) Loubat, *Traité sur le risque professionnel*, 3ᵉ éd., t. I, nᵒ 950, p. 399.

après l'accident, ils sont déchus de leur droit à la pension et ne reçoivent plus, comme la victime elle-même, et à titre définitif, qu'une somme triple de la pension qui leur revient.

Nous avons jadis approuvé ces dispositions si dures pour les ouvriers étrangers (1). Aujourd'hui, nous n'hésitons pas à reconnaître que le régime imposé aux ouvriers étrangers victimes d'accidents du travail, choque les principes de justice et d'humanité qui doivent être à la base de toute œuvre législative. On ne saurait admettre, en effet, qu'un ouvrier étranger victime d'un accident du travail sur le territoire français, peut-être désormais incapable de tout travail, perde son droit à la réparation légale du dommage qu'il a subi, parce qu'il va résider dans son pays d'origine où l'attirent les motifs les plus nobles et les plus légitimes : sa famille, ses parents, ses amis et l'entr'aide qu'on ne trouve sûrement qu'auprès des siens. Il n'est pas moins inadmissible que le conjoint survivant, les enfants, les ascendants et descendants étrangers dont la victime était le soutien souvent unique, soient exclus de toute indemnité parce qu'ils n'ont pas voulu se déraciner et déserter leur patrie.

Les défenseurs de la loi du 9 avril 1898 objectent que les étrangers ne sont pas les seuls qui puissent se plaindre d'être privés du droit à la réparation du préjudice causé par les accidents du travail (2). Par exem-

---

(1) Loubat, *op. cit.*, t. I, n° 422, p. 169.
(2) Serre, « Les ouvriers étrangers et la législation française sur les accidents », *Journ. de dr. int. priv.*, 1902, p. 980.

ple, dit-on, les beau-père et belle-mère de l'ouvrier français, qui, avant la loi de 1898, pouvaient se prévaloir de la responsabilité de droit commun du patron, ne le peuvent plus aujourd'hui. Il en est de même des père et mère de la victime, qui étaient à sa charge, si celle-ci laisse à son décès un enfant de moins de seize ans, et le même sort est réservé à tout enfant majeur de seize ans, alors qu'en vertu de l'article 1382 du Code civil, ils auraient pu réclamer des dommages-intérêts en cas de faute du patron. Tout cela est parfaitement vrai. Mais la question n'est pas de savoir si le législateur a eu raison de refuser toute indemnité à certaines catégories de personnes. L'erreur ou l'injustice envers les uns ne justifierait pas le même traitement envers les autres. Ce qu'il faut se demander, c'est s'il est juste que les ouvriers étrangers qui cessent d'habiter en France après l'accident, et les représentants étrangers qui n'y résident pas ou cessent d'y résider, n'aient pas les mêmes droits que les nationaux, et qu'ils soient frappés de déchéance, les uns parce qu'ils retournent dans leur pays, les autres parce qu'ils ne l'ont pas quitté. La comparaison avec les survivants français que la loi prive de toute indemnité n'est pas exacte, car nos critiques ne portent pas sur cette catégorie d'ayants droit étrangers ; elles s'adressent aux dispositions concernant les ayants droit étrangers que la loi assimile, tant qu'ils résident en France, aux ayants droit français. Leur droit est, en principe, reconnu par la loi, et il est égal à celui des Français ; le préjudice qu'ils subissent est admis et admis aussi le droit à la réparation.

Mais ce droit est confisqué si ses bénéficiaires cessent de résider en France ou n'y résident pas au jour de l'accident.

On a essayé de justifier aussi ces restrictions par des considérations d'économie politique, notamment par le danger de voir sortir l'argent français sous forme de pensions payées à l'étranger, pour y être consommées. Crainte bien puérile si l'on fait le dénombrement de ces pensionnés ! Au surplus, cette déchéance n'existait pas sous l'empire du droit commun ; les indemnitaires étaient, il est vrai, moins nombreux ; mais le nombre ne change pas le droit. Elles n'existe pas non plus pour les indemnités allouées aux étrangers conformément au droit commun à raison des dommages qu'ils subissent pour toute autre cause, et on ne pourrait l'édicter sans une intolérable injustice qui soulèverait la réprobation universelle. Dès lors, quelle est sa raison d'être pour les ouvriers étrangers blessés dans leur travail ?

La France s'honorera le jour où elle adoptera, comme la Belgique et l'Italie, une législation vraiment humaine, s'élevant au-dessus de ces raisons mesquines et affranchissant de toute rançon ceux que l'amour de leur patrie ou de leur famille retient ou rappelle à l'étranger.

§ 2. — Législation étrangère

Les lois anglaises des 6 août 1897 (1), 30 juillet

(1) Bellom, *Les lois d'assurance ouvrière à l'étranger*, II, 4e part., Supplément, p. 1991.

1900 (1) et 21 décembre 1906 (2), la loi italienne du 17 mars 1898 (3), la loi espagnole du 30 janvier 1900 (4), la loi belge du 24 décembre 1903 (5), ne font aucune allusion aux ouvriers étrangers. C'est donc qu'elles leur reconnaissent les mêmes droits qu'aux ouvriers nationaux (6).

La législation allemande qui fut la première à adopter la responsabilité de plein droit du chef d'entreprise, a subi, en ce qui concerne les étrangers, de nombreuses modifications. La loi du 6 juillet 1884 (7) contenait les deux dispositions suivantes :

1° Les ayants droit d'un étranger qui n'habitaient pas sur le territoire allemand à l'époque de l'accident, n'ont aucun droit à la pension (art. 6. § 4) :

2° La corporation peut désintéresser, par le paiement d'un capital, les étrangers qui ont droit à une indemnité, lorsqu'ils quittent le territoire à titre permanent (art. 67).

L'assimilation des ouvriers étrangers aux ouvriers allemands est à la base du système allemand. Ce n'est que dans le cas où les premiers vont résider à l'étranger, que la corporation peut se libérer envers eux par

(1) Bellom. *op. cit.*, II, Supplément, suite, p. 2867.
(2) *Bulletin de l'Office du travail*, 1908, p. 573.
(3) Bellom, *op cit*, II, 4ᵉ part., Supplément, p. 2071.
(4) Bellom, *op. et loc. cit.*, p. 1953.
(5) Bellom. *op. cit*, Supplément général. p. 137.
(6) V. sur l'application de la loi anglaise sur les accidents, aux ouvriers étrangers, Knowles, « La loi anglaise de 1906 sur les accidents du travail et les étrangers », *Revue de dr. int. priv. et de dr. pén. int.*, 1908, p. 361.
(7) Bellom, *op. cit.*, II, 1ʳᵉ part., p. 79.

le paiement d'un capital. La substitution du capital à la rente est facultative et le montant du capital n'est ni fixé d'avance ni d'un taux obligatoire. Quant aux ayants droit étrangers, ils sont privés de toute indemnité s'ils ne résidaient pas sur le territoire allemand au jour de l'accident.

Ces dispositions n'ont pas tardé à être modifiées. D'abord la loi du 11 juillet 1887 (1) sur les accidents dans les travaux de construction. tout en maintenant pour les ayants droit non résidents en Allemagne, l'exclusion portée par la loi de 1884 (art. 6, § 4). consacra une innovation importante par son article 39, § 2, ainsi conçu : « Si le bénéficiaire est un étranger, la corporation peut le désintéresser de son droit à indemnité par le paiement d'une somme égale au triple de la pension annuelle ». Dans ce texte, le remplacement de la rente par un capital est toujours facultatif : mais nous y voyons apparaître pour la première fois la fixation de l'indemnité au triple de la pension.

Telle était la législation allemande pendant que s'élaborait devant le Parlement français la loi du 9 avril 1898. Le législateur français l'imita exactement pour les ayants droit des ouvriers étrangers ne résidant pas sur le territoire. et l'aggrava pour les ouvriers étrangers qui cessent d'y résider, en remplaçant leur rente par un capital de trois annuités, et en rendant ce remplacement obligatoire.

A ce moment même se préparait une nouvelle évolu-

____

(1) Bellom, *op. cit.*, 1re part., p. 79.

tion des lois allemandes sur les accidents. Dès 1896, le gouvernement impérial avait présenté un projet de refonte complète des lois antérieures, qui ne put venir en discussion au Reichstag malgré l'examen qu'en avait fait la commission. Ultérieurement repris et voté le 3 mai 1900, il devint la loi du 30 juin 1900 (1) actuellement en vigueur.

Cette loi est basée, relativement aux étrangers, sur les mêmes règles que les lois précédentes. Elle laisse, en principe, les ouvriers étrangers sur le pied d'égalité avec les nationaux et maintient le remplacement de la rente par un capital égal à trois annuités pour les ouvriers qui cessent de résider sur le territoire allemand ; mais à l'exemple de la loi française du 9 avril 1898, elle rend cette substitution obligatoire, de facultative qu'elle était auparavant. Heureusement elle consacre, d'autre part, un progrès considérable en autorisant le Conseil fédéral à supprimer l'application des mesures restrictives concernant les ouvriers étrangers en faveur de certains territoires frontières ou pour des États étrangers dont la législation garantit aux Allemands un traitement équivalent. C'est ce qui résulte dés art. 01-2°, 93, § 2, et 21 dont voici le texte :

« Art. 01-2°. — Le droit de toucher la rente, est interrompu pendant le temps où l'étranger, titulaire de la rente, n'a pas sa résidence habituelle dans le pays. Une décision du Conseil fédéral peut supprimer l'application de cette disposition pour des districts frontières

(1) Bellom, *op. cit.*, II, 5e part., Supplément, suite, p. 2579.

déterminés ou pour les États étrangers dont la législation garantit aux ouvriers allemands blessés par accident du travail des avantages correspondants ».

« Art. 95, § 2. — Si le bénéficiaire de l'indemnité est un étranger, il peut, dans le cas où il cesse d'habiter sur le territoire allemand, être désintéressé sur sa demande par le paiement d'une somme égale au triple de la pension annuelle. Une décision du Conseil fédéral peut... » (la suite comme à l'art. précédent).

« Art. 21. — Les ayants droit d'un ouvrier étranger qui n'avaient pas leur résidence habituelle sur le territoire allemand à l'époque de l'accident, n'ont droit à aucune pension. Une décision du Conseil fédéral... » (la suite comme aux art. 94 et 95).

Par décisions des 13 octobre 1900 et 23 mai 1901, le Conseil fédéral appliquait cette disposition aux régions suivantes :

1° Danemark : la localité de Vamdrup ;

2° Pays-Bas : les provinces de Groningue, Drenkhe, Oberyssel, Gueldre, Limbourg ;

3° Le territoire neutre de Moresnet ;

4° Suisse : les cantons de Bâle-ville et Bâle-campagne ; dans le canton d'Argovie, les districts de Laufenbourg, Bade, Zurzach ; dans le canton de Zurich, les districts de Bulach et d'Andelfingen ; les cantons de Schaffouse et de Thurgovie ;

5° Autriche-Hongrie : les capitaineries de district de Bregenz, Reutte, Schwaz, Kufstein, Salzbourg avec le district urbain de Salzbourg, Brannau-sur-l'Inn, Ried, Schœrding, Rohrbach, Kruman, Pruchalitz, Schuttenhofen, Strakovitz, Klattau, Taus, Birchofteinitz, Tachau, Plan, Eger, Arch ; puis Brannau (Bohème), Neustadt, Reichenau, Senfeenberg, Schœnberg, Freiwaldau (1).

Enfin l'Autriche-Hongrie et l'Italie ont été considérées comme possédant une législation correspondante à celle de l'assurance-accidents d'Allemagne, en faveur des représentants d'Allemands tués dans un accident, et, par décision du **29 juin 1901**, le Conseil fédéral a déclaré inapplicables aux sujets de ces deux États, les clauses sur la suspension des rentes et sur l'exclusion des représentants. Mais cette déclaration vise seulement les accidents du bâtiment et de l'industrie à l'exclusion de ceux de l'agriculture, de la sylviculture et de la mer.

Une ordonnance du **22 février 1906** a accordé le même traitement à la Belgique.

L'ouvrier étranger qui est employé en Allemagne dans une entreprise allemande assujettie à l'assurance, bénéficie de l'assurance et a droit aux mêmes indemnités que l'ouvrier allemand.

S'il est occupé dans une entreprise étrangère ayant son siège dans un pays qui a réalisé en faveur des ouvriers une assistance correspondante à l'assurance allemande contre les accidents, et si un traité de réciprocité a été conclu entre l'Allemagne et ce pays, c'est la loi nationale de l'entreprise qui est applicable (art. 1 de la loi du 30 juin 1900).

Le gouvernement allemand a aussi le droit d'étendre l'application de la loi impériale aux exploitations situées

(1) Bellom, op. cit., II, 3e part., Supplément, suite, p. 2620.

à l'étranger, qui font partie d'une entreprise allemande assujettie à l'assurance (art. 1). Dès lors, les ouvriers allemands (et étrangers) employés dans ces exploitations à l'étranger, continuent à bénéficier de l'assurance en Allemagne si l'État dans lequel ils travaillent a conclu avec l'Allemagne un traité de réciprocité. C'est ce qui a été fait avec le grand-duché de Luxembourg et les Pays-Bas (v. chap. VIII et annexes VIII et IX). La loi allemande est également applicable aux entreprises exécutées à l'étranger par des maisons allemandes et ayant trop peu d'importance pour former une entreprise indépendante (1).

La loi autrichienne du **28 décembre 1887** (2) étend l'assurance obligatoire : 1° aux ouvriers et employés de chemins de fer, qui sont occupés, soit à titre temporaire à l'extérieur du territoire autrichien, soit à titre permanent sur des lignes de raccordement ou dans des stations frontières, à moins qu'ils ne soient déjà assurés contre les accidents en vertu de la législation de l'État limitrophe : quant aux entreprises de chemins de fer appartenant à des administrations étrangères dont le personnel se trouve, par suite des relations existantes, occupé sur le territoire autrichien, elles doivent être réglementées par voie d'ordonnance ; 2° aux entreprises industrielles de transport par voie de terre ou par voie de navigation intérieure faisant un service au delà des limites de la monarchie autrichienne.

(1) Office impérial des assurances, 23 février 1901 et 19 novembre 1901.
(2) Bellom, *op. cit.*, II, 2e part., p. 690.

La loi de 1887 reconnaît aux étrangers qui travaillent sur le territoire autrichien les mêmes droits qu'aux sujets autrichiens ; toutefois elle dispose (art. 12, § 1), que si l'étranger qui a droit à l'indemnité réside à titre permanent hors du territoire autrichien, l'établissement d'assurance peut substituer au service de la pension le versement unique d'une somme calculée d'après les circonstances de la cause. Cette disposition ne s'applique pas aux sujets des provinces hongroises lorsque, dans ces provinces, une législation analogue reconnaît aux sujets autrichiens des avantages équivalents.

Quant au personnel des entreprises de navigation intérieure, il doit être appelé au bénéfice de l'assurance pendant toute la durée de son service, c'est-à-dire même lorsque le navire auquel il est attaché a traversé la frontière, et cela sans aucune distinction ni de nationalité ni de domicile. Les seuls accidents exclus sont ceux qui surviennent à l'étranger sur un navire d'une entreprise assujettie, lorsque ce navire ne circule pas en général à l'intérieur des frontières autrichiennes, et ceux qui surviennent aux personnes occupées, non sur le navire, mais dans des établissements appartenant en pays étranger à l'entreprise assujettie.

La loi du 20 juillet 1894 (2) sur l'extension de l'assurance contre les accidents n'a rien changé à ces dispositions.

Les ouvriers étrangers sont donc, en Autriche, assimilés, en principe, aux ouvriers nationaux. Ce n'est que

---

(2) Bellom, *op.* et *loc. cit.*

dans le cas où ils résident à titre permanent en pays étranger, que la corporation peut se libérer envers eux par le paiement d'une somme unique dont le montant n'est pas fixé par la loi, comme en Allemagne, et qui doit être déterminé d'après les circonstances.

Par un contraste remarquable avec la législation allemande, la loi autrichienne ne parle pas des ayants droit des ouvriers étrangers. Ils jouissent donc des mêmes avantages que les ayants droit des ouvriers autrichiens, alors même qu'ils cessent de résider sur le territoire ou n'y résidaient pas au jour de l'accident.

La loi hongroise du 9 avril 1907 sur l'assurance contre les maladies et les accidents (1) contient, en ce qui concerne les étrangers ou les établissements hongrois étendant leurs opérations à l'étranger, les dispositions suivantes :

1° Les ouvriers des entreprises hongroises qui sont occupés d'une façon permanente à l'étranger, mais de nationalité hongroise, sont soumis à l'obligation d'assurance, sauf dans le cas où, en vertu des lois du pays où ils travaillent, ils sont déjà assurés. Les ouvriers des entreprises hongroises, temporairement occupés à l'étranger, qui sont soumis à l'assurance et sont de nationalité hongroise, bénéficient de l'assurance sans qu'il y ait lieu de distinguer s'ils ont été blessés dans le pays ou à l'étranger, sauf dans le cas où l'ouvrier a été assuré dans le pays étranger, conformément aux lois de ce pays (§ 1);

____

(1) Bellom, *op. cit.*, Supplément général, p. 237.

2° Les ouvriers étrangers employés dans des établissements hongrois sont assimilés aux ouvriers hongrois dans le cas où l'État de leur nationalité assure aux nationaux hongrois occupés sur son territoire le même traitement. Le ministre du commerce peut, en ce qui concerne les sujets des États où l'assurance contre les accidents du travail n'est pas réglée par la loi, imposer l'obligation d'assurance, même sans tenir compte de la réciprocité (§ 5);

3° Les entreprises dont les établissements s'étendent au delà des frontières du pays ne sont soumises à l'obligation de l'assurance que dans l'État du siège de l'entreprise. Toutefois, si l'entreprise a une représentation permante dans le pays, les ouvriers occupés dans le rayon d'activité de cette agence sont soumis à la loi hongroise (§ 6) :

4° Si l'ayant droit qui jouit d'une indemnité se rend à l'étranger, sa rente est suspendue jusqu'à son retour. S'il revient dans les trois mois pour rester à titre permanent, les arrérages retenus lui sont restitués. Si l'ayant droit se rend à l'étranger à titre permanent, la Caisse nationale d'assurances peut lui accorder, si son cas est digne d'intérêt, une allocation égale au montant d'une année de rente. Si cet ayant droit revient sur le territoire hongrois, son droit à la rente renaît ; toutefois, le montant de la rente annuelle qui lui a été payée doit être déduit de la rente qui lui est allouée après son retour. La retenue se fait par fractions et ne peut dépasser la moitié de la rente échue (§ 6);

Les ayants droit des ouvriers étrangers décédés d'un

accident, qui ont leur domicile à l'étranger au moment de l'accident, n'ont droit à une indemnité que si l'Etat auquel ils appartiennent fait bénéficier du même traitement les ayants droit domiciliés en Hongrie, des nationaux hongrois décédés dans cet Etat. Si les ayants droit étrangers qui jouissent d'une rente se rendent à l'étranger à titre permanent, ils ont droit à une somme égale au triple de leur rente annuelle ; en cas de retour, ils n'ont plus droit à rien (§ 77).

Si le blessé qui jouit d'une rente se rend à l'étranger, sa rente est suspendue jusqu'à son retour ; s'il revient à titre permanent dans les trois mois, les arrérages des rentes retenus lui sont remis (§ 95, n° 2).

Si le bénéficiaire est étranger et retourne à titre permanent dans son pays, sa rente doit continuer à lui être payée, si l'Etat auquel il appartient, pratique le même traitement à l'égard des nationaux hongrois (§ 95, n° 3).

La loi luxembourgeoise du 5 avril 1902 (1) bénéficie, en principe aux étrangers comme aux nationaux. Toutefois cet avantage peut être refusé aux étrangers appartenant à un pays dont la législation n'assimile pas les Luxembourgeois aux nationaux (art. 12, §§ 1 et 2). D'autre part, le service de la pension est suspendu pour le pensionné étranger qui réside à l'étranger (art. 18, § 1, n° 2) ; mais le gouvernement peut ne pas appliquer cette mesure (art. 18, § 1, n° 2). Si ce pensionné a des proches qui auraient droit à une pension au cas de son

---

(1) Bellom, *op. cit.*, II, 6ᵉ part., Supplément, suite, p. 3753.

décès, la pension dont le service est suspendu doit leur être attribuée jusqu'à concurrence de leurs droits éventuels (art. 48, § 2) ; toutefois lorsque les proches résident à l'étranger, ils n'ont droit au bénéfice de la pension qu'en vertu d'une décision spéciale du gouvernement (art. 48, § 3).

Enfin les étrangers qui cessent de résider dans le Grand-Duché sans esprit de retour, reçoivent une somme unique égale au triple de la pension (art. 19, § 1), sauf décision contraire du gouvernement (art. 49, § 5).

Les entreprises étrangères sont soumises à la loi luxembourgeoise du chef du personnel qu'elles occupent passagèrement dans le Grand-Duché ; elles peuvent cependant en être dispensées par le gouvernement, si ce personnel est garanti qu'en cas d'accident, il jouira d'une protection identique ou similaire à celle résultant de la loi luxembourgeoise (art. 3, § 1).

Le gouvernement peut également étendre, avec l'approbation du gouvernement étranger afférent, l'application de la loi au personnel occupé passagèrement à des travaux exécutés à l'étranger par une entreprise indigène (art. 3, § 2).

La loi norvégienne du 23 juillet 1891 (1) ne distingue pas non plus, en principe, les ouvriers étrangers des nationaux. Toutefois l'ayant droit d'un étranger qui, lors de l'accident, n'habitait pas le territoire norvégien, n'a droit à aucune réparation (art. 5, § 4). Si la

____

(1) Bellom, *op. cit.*, II, 2e part., p. 111.

victime réside à l'étranger, l'établissement d'assurance peut, en vue d'éviter des risques exceptionnels, substituer au service de la pension le versement unique d'une somme déterminée dans chaque cas, mais au moins égale au triple de l'indemnité annuelle. Si elle vient à résider plus tard sur le territoire norvégien, il ne lui est alloué aucune indemnité jusqu'à l'expiration de la période à la durée de laquelle correspondrait la somme versée si la pension avait continué à être payée (art. 25).

Les lois des 6 août 1897 (1) et 23 décembre 1899 (2) n'ont rien changé à ces dispositions. Mais une dernière loi du 12 juin 1906 (art. 25) dispose que, lorsque le bénéficiaire d'une indemnité va s'établir en dehors du royaume, l'établissement d'assurance est autorisé à liquider ses droits en lui versant en une fois une somme déterminée selon les circonstances, mais qui ne peut, sauf pour des raisons spéciales, être inférieure au triple de l'indemnité annuelle. Si cette même personne revient s'établir à titre durable dans le royaume, elle a de nouveau droit à une indemnité annuelle, pourvu qu'elle possède le titre de citoyen norvégien. Si elle va, une fois encore, s'établir pour un temps prolongé à l'étranger, elle perd tout droit à l'indemnité; toutefois l'établissement d'assurance peut, si certaines considérations militent en sa faveur, lui verser une somme à titre transactionnel ou lui continuer son indemnité.

La responsabilité des accidents du travail est régie

(1) Bellom, *op. cit.*, II, 4e part., p. 2194.
(2) Bellom, *op. cit.*, II, 4e part., p. 2214.

en Suède par la loi du 21 avril 1901 (1). Cette loi ne fait aucune différence quant à la nationalité des ouvriers eux-mêmes. Seuls les ayants droit des ouvriers étrangers, qui ne résidaient pas en Suède au moment de l'accident, n'ont droit à aucune réparation. D'autre part, tout pensionné, quelle que soit sa nationalité, qui va résider hors du royaume, cesse de recevoir sa pension (art. 6, § 1). Le roi peut cependant, sous condition de réciprocité, accorder des dérogations à ces mesures (art. 6, § 2).

La loi hollandaise du 2 janvier 1901 (2) ne se préoccupe nullement de la nationalité des intéressés : ouvriers nationaux et ouvriers étrangers y sont absolument sur le même rang: tous, ainsi que leurs représentants, jouissent des mêmes droits. Cette législation envisage seulement le domicile en Hollande ou à l'étranger, des ouvriers occupés soit à l'étranger dans des entreprises qui ont leur siège en Hollande, soit en Hollande dans des entreprises ayant leur siège à l'étranger. L'ouvrier blessé à l'étranger dans une entreprise située en Hollande, est admis à bénéficier de la loi s'il a son domicile en Hollande (art. 9, § 1). D'autre part, l'ouvrier non domicilié en Hollande, qui y est blessé dans une entreprise située dans un pays étranger doté d'une assurance obligatoire contre les accidents, n'est admis au bénéfice de la loi que si la législation du pays étranger accorde, en pareil cas, à l'ouvrier domicilié en Hollande, la réciprocité du traitement (art. 9, § 2). Il

---

(1) Bellom, *op. cit.*, II, 6e part., Supplément, suite, p. 3855.
(2) Bellom, *op. cit.*, II, 5e part., p. 3018.

ne s'agit, on le voit, dans ces restrictions, que des entreprises néerlandaises exerçant à l'étranger, et des entreprises étrangères exerçant en Hollande. Pour les premières, l'ouvrier domicilié en Hollande, quelle que soit sa nationalité, a le droit de se prévaloir de la loi. Pour les secondes, l'ouvrier domicilié en Hollande, sans distinction de nationalité, bénéficie de la loi dans tous les cas ; l'ouvrier non domicilié aux Pays-Bas, n'a droit aux indemnités que dans le cas où la législation du pays étranger accorde à l'ouvrier domicilié en Hollande un traitement réciproque.

Quant aux ouvriers occupés dans les entreprises nationales sur le territoire des Pays-Bas, il n'est fait aucune distinction soit de nationalité, soit de domicile (1).

En Danemark, la loi du 7 janvier 1898 (1) sur l'assurance des ouvriers contre les suites d'accidents dans certaines exploitations, met d'une manière absolue les ouvriers étrangers sur le même pied que les ouvriers nationaux. Il faut noter toutefois que, par une rigueur extraordinaire, cette loi prive de toute réparation les ayants droit, sans distinction de nationalité, c'est-à-dire danois et étrangers, qui n'ont pas leur résidence sur le territoire danois au moment de l'accident (art. 2, § 3). Cette situation n'a pas été modifiée par les lois des 3 avril 1900 et 15 mai 1903.

La loi finlandaise du 5 décembre 1895 (2) se rapproche de la loi danoise par la même assimilation com-

(1) Bellom, *op. cit.*, II, 4e part., p. 1922.
(2) Bellom, *op. cit.*, II, 4e part., p. 1969.

plète des ouvriers nationaux aux étrangers ; mais elle s'en différencie sur d'autres points. Elle dispose que le Finlandais qui acquiert les droits de citoyen dans un pays étranger, et le pensionné étranger qui retourne dans son pays, cessent de recevoir la pension et ne peuvent plus prétendre qu'à l'allocation d'une somme correspondant à deux annuités d'indemnité (art. 13). Cette législation est plus rigoureuse pour les ouvriers étrangers que celle du Danemark, attendu que, tandis que cette dernière n'exclut du droit à l'indemnité que les ayants droit qui n'ont pas leur résidence sur le territoire au moment de l'accident, la loi finlandaise applique cette déchéance à tous les bénéficiaires, y compris la victime, qui cessent de résider dans le duché, nationaux et étrangers. Enfin, contrairement aux autres législations étrangères qui fixent le capital substitué à la rente à trois annuités au moins de la pension, celle-ci le réduit à deux annuités.

Les accidents du travail sont régis, en Grèce, par la loi du 21 février 1901 (1), qui subordonne le droit des étrangers aux conditions suivantes : 1° pour la victime à la résidence en Grèce ; 2° pour les ayants droit, au séjour en Grèce, lors de l'accident, et à la résidence en Grèce après l'accident. Les victimes ou les ayants droit de nationalité étrangère, qui viennent à quitter la Grèce, reçoivent, à titre de liquidation définitive de leurs droits, une somme égale au triple des arrérages d'une année (art. 13).

---

(1) Bellom, *op. cit.*, 5ᵉ part., p. 2893.

En Russie le principe du risque professionnel a été introduit dans la législation par la loi du 2 juin 1903 (1) rendant le patron responsable de plein droit des accidents du travail dans les établissements industriels métallurgiques et miniers.

Malheureusement cette loi qui constitue cependant pour la Russie un progrès considérable dans le mouvement social, et s'est inspirée fortement de la loi française, contient à l'égard des étrangers une disposition singulièrement rigoureuse, qui dépare une œuvre animée par ailleurs du souffle de l'esprit moderne. Seuls les ouvriers de nationalité russe peuvent prétendre à une indemnité (art. 1ᵉʳ de la loi). Toutefois des traités de commerce peuvent étendre l'application de la loi aux ouvriers étrangers avec certains tempéraments et dans des conditions déterminées.

La Suisse qui fut cependant la première à répudier la théorie de la responsabilité du Code civil basée sur la faute du patron, n'a pas encore adopté le principe du risque professionnel. La loi du 25 juin 1881, actuellement en vigueur, admet seulement la responsabilité du patron dans le cas de faute de sa part et dans celui où le patron ne prouve pas que l'accident a pour cause la force majeure, un acte criminel ou la faute de l'ouvrier. C'est le système connu sous le nom de *renversement de la preuve*, que MM. Sauzet et Sainctelette proposèrent plus tard d'introduire en France. Les inconvénients de ce système n'ayant pas tardé à éclater, les Chambres

____

(1) Bellom, *op. cit.*, Supplément général, p. 348.

fédérales votèrent, après de longues discussions, une loi qui fut publiée sous le titre de loi fédérale du 5 octobre 1899, sur l'assurance contre les maladies et les accidents, et sur l'assurance militaire. Cette loi admettait le principe de l'obligation. Mais, bien qu'ayant été votée à une très forte majorité par les Chambres fédérales, elle fut repoussée au referendum populaire par une majorité de 193.000 voix.

La législation en vigueur ne fait aucune distinction entre les nationaux et les étrangers.

Aux États-Unis, une loi approuvée le 11 juin 1906 par le président Roosevelt (National Employers' Liability Law), organisant la protection des employés et ouvriers victimes d'accidents dans leur travail et visant seulement les *common carriers*, c'est-à-dire les entrepreneurs de travaux publics et ceux-là seulement qui se livrent à *l'interstate commerce*, c'est-à-dire dont l'exploitation s'étend sur plusieurs États ou territoires, ou met en rapport un État de l'Union avec un État étranger, a été déclarée inconstitutionnelle par deux cours fédérales saisies de la question (31 décembre 1906 et 3 janvier 1907 (1).

De l'examen qui précède il résulte qu'on peut diviser les législations étrangères sur les accidents du travail en trois catégories : la première comprenant les lois qui assimilent d'une façon absolue aux ouvriers nationaux les ouvriers étrangers et leurs ayants droit, comme les lois anglaise, belge, italienne et espagnole ; la seconde

(1) *Journ. du dr. int. priv.*, 1907, p. 873.

contenant les lois qui donnent au gouvernement la faculté d'accorder le bénéfice de l'indemnité légale sous condition de réciprocité, telles que les lois française, allemande, autrichienne, hongroise, luxembourgeoise et suédoise ; la troisième frappant les bénéficiaires étrangers d'une déchéance absolue pour défaut de résidence ou abandon de résidence dans le pays, et dans laquelle il faut ranger les lois norvégienne et grecque. Dans cette dernière catégorie on doit ajouter : 1° la loi danoise qui prive de tout droit les survivants, nationaux et étrangers, ne résidant pas sur le territoire au jour de l'accident ; 2° la loi finlandaise prononçant la même déchéance contre tout bénéficiaire, Finlandais ou étranger, qui cesse de résider dans le duché.

Nous regrettons de ne pas voir la France dans la la première catégorie, à l'avant-garde de cette législation, où se sont placées ses sœurs latines. Elle a fait, il est vrai, un important progrès avec la loi du 21 mars 1905, qui a ouvert la porte à des conventions diplomatiques permettant d'assimiler les ouvriers étrangers aux ouvriers français. Déjà plusieurs arrangements ont été signés (V. Chap. VIII, *Traités diplomatiques*). D'autres suivront sans aucun doute ; mais des années s'écouleront avant qu'une entente se soit faite avec toutes les nations et que les effets d'une législation rétrograde ne se fassent plus sentir.

CHAPITRE II

TERRITORIALITÉ ET EXTERRITORIALITÉ DE LA LOI DU 9 AVRIL 1898 ET DES LOIS ÉTRANGÈRES SUR LES ACCIDENTS DU TRAVAIL

Les lois sur les accidents du travail frappent toutes les entreprises exploitées sur le territoire français, sans distinction de nationalité du chef d'entreprise ou des ouvriers. Cette règle subit cependant quelques exceptions. Nous exposerons donc d'abord la règle, puis les dérogations qu'elle a reçues.

§ Ier. — Territorialité de la loi du 9 avril 1898 sur les accidents

La loi du 9 avril 1898 embrasse toutes les entreprises françaises ou étrangères, sans distinction de nationalité, qui sont établies sur le territoire français. La raison n'en est pas que cette loi fasse partie du statut réel. En effet, ce statut ne comprend que les lois qui ont principalement en vue les biens eux-mêmes et ne s'occupent qu'accessoirement des personnes. Telle n'est pas la loi sur les accidents. Elle ne vise, au contraire, que les personnes : ouvriers et employés d'une part, chef d'entreprise de l'autre ; elle a pour objet de régler la condition juridique non des biens, mais des personnes. « Les accidents, porte l'art. 1er, survenus... aux ouvriers et employés occupés dans l'industrie du bâtiment, les usines, manufactures, chantiers..., donnent droit *au profit de la victime* ou *de ses représentants*, à une indemnité à *la charge du chef d'entreprise...* » Ce ne sont pas les entreprises elles-mêmes que le législateur a eues en vue dans ce texte, mais les ouvriers qui y sont employés ; c'est à eux seuls qu'il a pensé pour améliorer leur condition sociale et leurs rapports avec les patrons. La loi de 1898, comme un certain nombre d'autres lois (1), ne dépend donc pas plus du statut réel (2) que du statut personnel qui règle uniquement l'état et la capacité des personnes.

Ce n'est pas non plus parce qu'elle est d'ordre public et par application de l'article 6 du Code civil, qu'elle est obligatoire pour les chefs d'entreprise étrangers établis en France (3). Que la loi sur les accidents soit d'ordre public, cela est incontestable (4). En effet, aux termes de l'article 30, toutes conventions contraires aux dispositions de la loi sont nulles de plein droit, et l'article 2 interdit aux victimes de se prévaloir d'autres dispositions légales pour obtenir la réparation des

---

(1) Aubry et Rau, *Cours de droit civil*, 5e éd., t. I, § 31, p. 137, note 17.

(2) *Contrà*, Sachet, *Traité théor. et prat. de la législation sur les accidents du travail*, 5e éd., t. II, n° 1869.

(3) *Contrà*, Douai, 5 avril 1900, S. et P. 1907. 2. 217.

(4) Sachet, *op. cit.*, t. II, n° 1869 ; Loubat, *op. cit.*, t. I, n° 2197. — Conf. civ., 4 janv. 1901, D. P. 1901. 1. 73 ; 6 janv. 1901, *ibid.*, et la note de M. Sarrut, n° 31-33.

conséquences de l'accident ; enfin la mise en mouvement de la procédure spéciale organisée par la loi, est assurée par des sanctions pénales. Mais toutes les lois d'ordre public ne sont pas opposables aux étrangers. Ainsi, les lois qui fixent l'âge de la majorité en France, sont d'ordre public ; cependant on ne saurait les opposer en France aux étrangers qui ont traité en pays étranger. Il en est de même de la législation sur le prêt à intérêt : elle est aussi d'ordre public, ce qui n'empêche pas d'être valable en France un prêt dépassant le taux légal et conclu entre étrangers en pays étranger. Les seules lois d'ordre public qui sont obligatoires pour les étrangers, sont les lois d'ordre public international, c'est-à-dire celles qui sont considérées comme essentielles à la conservation de la société. Rentrent dans cette catégorie les lois constitutionnelles, morales ou économiques (1). Les lois d'ordre public international s'imposent d'une manière absolue à tous ceux qui résident sur le territoire, aux étrangers comme aux nationaux. Ces lois doivent l'emporter sur les lois étrangères dont l'application résulterait rationnellement du droit international privé, mais n'irait pas sans causer un trouble profond à l'ordre social du pays. Par exemple, la loi qui prohibe la polygamie est d'ordre public international : les tribunaux qui appliqueraient en France une loi contraire, porteraient une atteinte

(1) Weiss, *Traité théor. et prat. de dr. int. privé*, t. IV. p. 86 ; Despagnet, *Précis de dr. int. priv.*, 5ᵉ éd , nᵒ 106 *bis*, p. 353 ; Surville et Arthuys, *Cours élémentaire de dr. int. priv.*, p. 38 et s.; Lainé, *Introduction au dr. int. priv.*, t. II, p. 218 ; P. Fiore, *Dr. int. priv.* (traduction Pradier-Fodéré), p. 51.

des plus graves à la moralité publique et causeraient un véritable scandale.

A la différence des lois d'ordre public international, les lois d'ordre public national ou interne s'imposent d'une façon absolue aux nationaux seulement. Les étrangers résidant sur le territoire échappent à leurs prescriptions. Ces lois intéressent, comme les premières, l'ordre public et social, mais à un degré infiniment moindre ; il est interdit d'y déroger, mais l'application des lois étrangères dans les questions qu'elles concernent, n'occasionnera aucun trouble à l'ordre public. Ainsi l'application en France aux étrangers des lois étrangères sur le taux de l'intérêt ou sur l'époque de la majorité, ne choquera ni la morale, ni la justice.

La loi du 9 avril 1898 est-elle d'ordre public international ou d'ordre public interne ? Nous n'hésitons pas à la classer dans cette dernière catégorie. En édictant la responsabilité légale du patron dans les accidents du travail, le législateur français a voulu apporter plus d'humanité et de justice dans les règles de responsabilité du Code civil, en cas d'accident du travail et faire une œuvre d'utilité sociale ; mais la loi qu'il a élaborée ne touche pas à l'ordre social, c'est-à-dire aux règles constitutives de la société. Elle ne concerne pas non plus l'ordre économique qui consiste dans l'ensemble des lois régissant les conditions morales et matérielles des sociétés, bien qu'elle ait pour objet d'augmenter le bien-être des travailleurs. Il ne s'agit pas non plus d'un principe supérieur de morale, s'imposant à la conscience universelle, puisqu'il n'est pas accepté par tous les pays civilisés ou d'une idée de justice absolue puisque la loi méconnaît, dans certains cas, les droits naturels des ouvriers étrangers. Enfin la loi de 1898 a si peu un caractère d'ordre public international que, loin de s'opposer à l'application en France des lois étrangères, en matière d'accidents du travail, elle se concilie au contraire avec elles. Nous verrons, en effet, plus loin, que les traités franco-belge, franco-anglais et franco-luxembourgeois stipulent l'applicacation de la loi du pays où est le siège de l'entreprise aux ouvriers occupés temporairement en France par des maisons belges, anglaises ou luxembourgeoises (*infrà*, chap. VIII).

On a expliqué aussi le caractère obligatoire pour les étrangers de la loi du 9 avril 1898 en disant que c'est une loi de police et de sûreté (art. 3, C. civ.). Mais nous ne croyons pas qu'elle rentre dans cette catégorie. En effet, les lois de police et de sûreté sont celles qui intéressent la sécurité des personnes, le respect des propriétés, le maintien du bon ordre et de la salubrité publique (1), toutes choses complètement étrangères à l'objet de la loi sur les accidents. Cette loi n'a pas en vue de protéger les ouvriers contre les accidents en édictant des mesures de surveillance et de sécurité, mais de leur assurer la réparation légitime du dommage que ces accidents leur causent. Elle n'a pas davantage pour but le maintien de l'ordre, attendu

____

(1) Aubry et Rau, *op. cit*. t. I, § 31, p. 131 et s.; Baudry-Lacantineric et Houques-Fourcade, t. I, n° 196.

que si l'ancienne responsabilité basée sur l'article 1382 choquait souvent l'équité, elle ne troublait cependant pas le repos public. Les auteurs ont voulu corriger les conséquences du Code civil, en matière d'accidents du travail et assurer dans tous les cas à la victime une réparation ; ils ont voulu faire œuvre d'humanité et de justice non œuvre de police.

Ce n'est pas non plus une loi sur les contrats, qui serait applicable à tous les contrats de louage d'ouvrage passés en France même avec des étrangers, car la responsabilité du risque professionnel n'a pas sa cause dans le contrat. Les obligations contractuelles résultent de la volonté des parties contractantes, tandis que la responsabilité des accidents du travail existe en dehors de toute expression du consentement ou de la volonté. On n'a ni à la stipuler, ni à l'écarter, elle s'impose d'elle-même et le chiffre même de l'indemnité est fixé par la loi en dehors des parties. Toute convention tendant à exonérer le chef d'entreprise de son obligation ou à la modifier, est frappée d'une nullité de plein droit. Or, l'essence des obligations contractuelles est d'être libres, alors qu'ici la responsabilité est forcée, obligatoire, et ne peut être éludée. Il est vrai que l'existence d'un contrat de louage d'ouvrage est nécessaire pour que la responsabilité puisse prendre naissance ; mais ce n'est pas ce contrat qui crée l'obligation puisqu'elle existerait quand bien même les parties auraient stipulé le contraire (1). Enfin comment le

(1) Baudry-Lacantinerie et Wahl, *Traité du contrat de louage*, 2e éd., t. II, n° 2039, p. 308 ; Albert Wahl, note sous Gênes, 30 sept. 1898, S,

contrat de travail, réglementé par le titre VIII du Code civil, promulgué en 1804, pourrait-il donner naissance à la responsabilité légale du patron, qui n'a été introduite dans notre législation que par la loi du 9 avril 1898 ? On comprend qu'avant cette loi, on ait pu soutenir que la responsabilité basée sur les articles 1382 et suivants, découlait du contrat de louage d'ouvrage, et encore cela était sérieusement contesté par la doctrine et même nié par la jurisprudence (1). Mais il semble impossible de faire produire à ce contrat des effets auxquels personne ne songeait au moment de l'élaboration du Code civil, et qui auraient paru alors de dangereuses hérésies.

On ne saurait tirer une conséquence contraire du sixième alinéa de l'article 15 de la loi du 9 avril 1898, ajouté par la loi du 31 mars 1905. Ce texte porte que « lorsque l'accident s'est produit en territoire étranger, le juge de paix compétent dans les termes de l'article 12 (pour faire l'enquête) et du présent article (allocation de l'indemnité journalière) est celui du canton où est situé l'établissement ou le dépôt auquel est attachée la victime ». Il résulte des termes mêmes de cette disposition que le

et P. 1901, 4. 1 ; Auvillain, *Les ouvriers étrangers en France et les accidents du travail*, p. 203. — *Contra*, civ., 14 mars 1904 (deux arrêts), D. P. 1905. 1. 555 ; ch. réun., 8 janv. 1908, D. P. 1908. 1. 185 ; civ., 8 mai 1907 (deux arrêts), D. P. 1908 1. 371, S. et P. 1907. 1. 463. V. aussi trib. fédéral suisse, 4 mars 1892, *Journal du droit int. privé*, 1892, p. 1064 ; cour sup. du Canada, 24 févr. 1906, *Rec. de dr. int. privé et de dr. pénal int.*, 1908, p. 668. cour de cass. de Naples, 24 mars 1908, S. et P. 1909. 4. 27. V. aussi c. de Gênes, 30 sept. 1898, S. et P. 1901. 4. 1. Sachet, *op. cit.* Supplément à la 3ᵉ éd., p. 2004, note 1.

(1) V. Baudry-Lacantinerie et Wahl, *op. cit.*, nᵒ 2029.

législateur n'a visé que les ouvriers travaillant à l'étranger tout en dépendant d'un établissement situé en France, c'est-à-dire des ouvriers travaillant temporairement en pays étranger pour le compte d'entreprises ayant leur siège en France. Il a eu surtout en vue les employés des chemins de fer français qui accompagnent les trains internationaux et tous ceux qui sont comme eux détachés pour un temps limité, du siège habituel de leur travail en France. Mais il n'a pas pu entrer dans sa pensée de soumettre à la loi française, d'une manière générale, les ouvriers embauchés en France pour aller travailler à l'étranger, et d'empiéter sur la souveraineté des nations étrangères relativement aux faits accomplis sur leur territoire, ni de se prononcer, même indirectement, sur le prétendu caractère contractuel de la responsabilité patronale. Il a statué exclusivement sur un cas particulier qu'il a considéré comme le prolongement d'une exploitation située en France et n'a nullement voulu formuler un principe (1).

Le caractère contractuel de la responsabilité légale du patron envers ses ouvri rs victimes d'accidents du travail, a été cependant admis par la cour de cassation, notamment dans un arrêt du 8 mai 1907 (2). « Attendu, dit la chambre civile, que l'obligation que, dans un intérêt d'ordre public, la loi du 9 avril 1898 impose aux chefs d'entreprise d'indemniser dans la me-

---

sure qu'elle détermine, les ouvriers victimes d'un accident du travail et à ceux-ci de ne se prévaloir contre leurs patrons d'aucunes autres dispositions, est la conséquence nécessaire du contrat de louage de services intervenu entre les parties ; que, partout où s'exécute ce contrat, la loi de 1898 doit recevoir son application ». (1) Aux yeux de la cour suprême, la responsabilité des accidents du travail serait donc d'origine contractuelle et la loi du lieu du contrat lui serait toujours applicable, quel que soit le lieu de l'exécution de ce contrat. Cette proposition ne semble pas à l'abri de la critique. En admettant même que la responsabilité découlerait du contrat de louage de services, il ne serait pas exact de dire que la loi du lieu du contrat lui est toujours applicable. En effet, supposons un ouvrier français embauché en France pour aller travailler à l'étranger dans une entreprise étrangère. S'il est blessé dans le cours de ce travail, il aura, d'après la théorie de la cour de cassation, le droit de se prévaloir de la loi de 1898 parce que le contrat a été conclu en France, ce qui est insoutenable, la loi française ne pouvant, dans aucun cas, s'appliquer aux accidents arrivés à l'étranger dans une entreprise étrangère. Au contraire, dans ce même système, la loi française ne serait pas applicable à un ouvrier embauché à l'étranger par une maison française pour venir travailler en France, parce que le contrat aurait été passé à l'étranger, ce qui est manifestement en contradiction avec la loi qui bénéficie à

(1) Conf. civ., 6 févr. 1900, D. P. 1905. 1. 182 ; Rennes, 22 déc. 1902, S. et P. 1907, 2. 217.

tous les ouvriers employés sur le territoire français, sans qu'il y ait à se préoccuper du lieu où a été passé le contrat de travail.

La responsabilité du patron n'est pas non plus délictuelle, car le législateur de 1898 a écarté toute idée de faute et rendu le chef d'entreprise responsable de tous les accidents sans exception, qu'ils proviennent de la faute de l'ouvrier ou du patron ou de toute autre cause (1).

La responsabilité du risque professionnel n'a son fondement ni dans le contrat de travail ni dans un délit ou quasi-délit ; elle naît directement de la loi elle-même qui a attaché cette conséquence au fait même du travail dans des entreprises déterminées (2). C'est à ce titre que la loi qui crée cette obligation est territoriale. Il est, en effet, de principe en droit international, que les obligations légales sont régies par la loi applicable au fait auquel le législateur les rattache (3). Or, la responsabilité de la loi du 9 avril 1898, se rattache au travail et à l'accident. La loi vise donc tout travail et tout accident en France et par suite tous les

___

(1) Baudry-Lacantinerie et Wahl, *op. cit.*, n° 2039, p. 308 ; Albert Wahl, note sous cour d'appel de Gênes du 30 sept. 1898, S. et P. 1901. 4. 1 ; Albert Wahl, note sous Rennes, 22 déc. 1902, S. et P. 1907. 2. 217 ; Albert Wahl, note sous cour sup. de justice de Luxembourg, 4 juill. 1902, et sous cour de Liége, 21 juin 1905, S. et P. 1907. 4. 21.

(2) Baudry-Lacantinerie et Wahl, *op.* et *loc. cit.* ; Loubat, *op. cit.*, t. I, n° 401.

(3) Despagnet, *op. cit.*, n° 322, p. 937 ; Laurent, *op. cit.*, t. VIII, n° 8, p. 20.

chefs d'entreprise, sans distinction de nationalité, qui y exercent leur industrie (1).

La conséquence du caractère territorial de notre loi, c'est qu'elle embrasse toutes les entreprises assujetties fonctionnant sur le territoire français (sauf l'Algérie et les colonies, voir *infrà*, p. 40), sans aucune exception tirée soit de la nationalité des parties, soit du lieu du contrat, soit de toute autre cause. Le législateur a voulu faire bénéficier de la responsabilité légale du patron tous les ouvriers ou employés travaillant en France sans distinction. Il n'aurait pas pu sans injustice réserver ce droit aux seuls ouvriers occupés dans des entreprises françaises à l'exclusion de ceux des entreprises étrangères exécutant des travaux en France. Il le pouvait d'autant moins qu'il admettait, quoique sous certaines restrictions, les ouvriers étrangers travaillant en France et leurs représentants étrangers à se prévaloir de la nouvelle loi, ce qui indique sa volonté de légiférer pour la généralité des ouvriers travaillant en France. Le risque professionnel étant inhérent au travail, c'est tout le travail exécuté sur le territoire français que le législateur a voulu atteindre. D'autre part, la loi sur les accidents, ne saurait frapper les entreprises même françaises établies en pays étranger, car seules les lois concernant l'état et la capacité des personnes sont personnelles et régissent les Français même résidant en pays étranger (att. 3, C. civ.). Toutes les entreprises

---

(1) Albert Wahl, notes précitées, V. aussi Gênes, 30 sept. 1898, S. et P. 1901. 4. 4 ; cour suprême du Michigan, *Journ. du dr. int. priv.*, p. 613.

situées en France sont donc soumises à la loi de 1898 ; mais là s'arrête le pouvoir de cette loi : les entreprises françaises établies à l'étranger lui échappent.

Les législations étrangères sur les accidents sont, comme la loi française, territoriales et embrassent toutes les entreprises exploitées sur le territoire de l'État, nationales ou étrangères. Nous allons voir toutefois que, tant en France qu'à l'étranger, la règle de la territorialité subit plusieurs exceptions.

§ 2. — Effets extraterritoriaux de la législation sur les accidents

La territorialité des lois sur les accidents n'est pas absolue. Il est vrai que ces lois embrassent toutes les entreprises existant sur le territoire français, et que leur empire ne s'étend pas aux entreprises nationales établies en territoire étranger. Nous allons voir cependant qu'une partie du territoire français a été exclue de la loi du 9 avril 1898, que, d'autre part, cette loi atteint une certaine catégorie d'accidents, arrivés en pays étranger, enfin que des traités internationaux ont soustrait à la loi territoriale les accidents arrivés en France à certains étrangers. Ces exceptions concernent : 1° l'Algérie et les colonies ; 2° les ouvriers des entreprises françaises détachés en pays étranger ; 3° les ouvriers belges, luxembourgeois et anglais travaillant temporairement en France.

a) *Algérie et colonies*

L'article 34 de la loi du 9 avril 1898 relatif à l'Algérie et aux colonies, est ainsi conçu : « Un règlement d'administration publique déterminera les conditions dans lesquelles la présente loi pourra être appliquée à l'Algérie et aux colonies ». Aucun règlement n'ayant été promulgué jusqu'à ce jour à ce sujet, ni l'Algérie, ni les colonies ne bénéficient de la législation sur les accidents. Cette promulgation est annoncée depuis longtemps pour l'Algérie, et ne peut tarder.

Les entreprises ayant leur siège en Algérie ou aux colonies, échappent donc à la loi du 9 avril 1898 tant que le gouvernement n'aura pas prononcé leur assujettissement par décret. Mais les ouvriers détachés en Algérie ou aux colonies, par des entreprises ayant leur siège en France, bénéficient de la loi comme les ouvriers français détachés en pays étranger (1).

b) *Ouvriers des entreprises françaises détachés en pays étranger*

Sans vouloir empiéter sur l'autorité des législateurs étrangers en étendant l'effet de la loi française hors du territoire, il était cependant impossible au législateur français de se désintéresser de certains ouvriers français qui vont travailler pour un court laps de temps en

_____

(1) Rennes, 22 déc. 1902, précité; trib. de Sousse, 16 mars 1905, *Rev. de dr. int. priv. et de dr. pén. int.*, 1906, p. 706.

pays étranger, pour le compte de leur patron. Ces ouvriers, assurés en France, ne le sont pas et souvent ne peuvent pas l'être à l'étranger. S'ils sont blessés dans le cours de leur travail hors de France, ou bien ils ne bénéficieront pas de la loi étrangère si, d'après cette loi, l'assurance est obligatoire ou bien ils en bénéficieront et le patron n'étant assuré que conformément à la loi française, ne sera pas garanti contre les conséquences de la législation du pays. Voici, par exemple, des employés des chemins de fer internationaux, qui, partis de France, traversent tous les jours des pays étrangers ; il est impossible de les assurer suivant les lois de tous les pays où ils circulent. S'ils sont victimes d'un accident en Allemagne où l'assurance est obligatoire, ils ne pourront pas se prévaloir de la loi du pays puisqu'ils ne seront pas assurés et, s'ils n'ont pas le bénéfice de la loi française, ils n'auront droit à aucune indemnité. Supposons encore des ouvriers qu'une usine française envoie en Suisse pour y monter une machine, et qui sont blessés dans le cours de leur travail ; ils auront le droit de se prévaloir de la loi suisse et de réclamer une indemnité qui pourra être très élevée, le régime forfaitaire n'existant pas dans ce pays (*suprà*, p. 23). Dans ce cas, le chef d'entreprise n'étant assuré que contre les risques de la loi française, n'aura aucun recours contre son assureur. Dans l'une et l'autre hypothèse, des citoyens français ou vivant sous la protection de la loi française seront lésés.

Aussi le législateur français a dérogé ici à la règle de la territorialité. Il a pensé qu'il y aurait injustice à priver du bénéfice d'une loi secourable des ouvriers d'entreprises françaises, qui, pour obéir à leur contrat de travail, sont allés travailler temporairement en pays étranger sur l'ordre de leur patron. Il a considéré les travaux de cette nature comme la continuation, le prolongement de l'entreprise, et a assimilé les ouvriers qui y sont employés, à ceux de l'établissement principal en France. La loi du 9 avril 1898 était, il est vrai, muette à cet égard, mais cette interprétation paraissait conforme aux intentions du législateur. Dès le 7 mars 1900, un avis du Comité consultatif des assurances contre les accidents du travail se prononçait dans ce sens (1). La jurisprudence se rangea presque unanimement à cette opinion qui fut consacrée par la cour de cassation (2). Enfin la loi du 31 mars 1905 vint mettre fin à toute controverse en ajoutant à l'article 15 la disposition suivante : « Lorsque l'accident s'est produit en territoire étranger, le juge de paix compétent dans les termes de l'article 12 et du présent article, est celui du canton où est situé l'établissement ou le dépôt auquel est attachée la victime ». Ce texte ne détermine pas, il est vrai, quels sont les accidents qui sont prévus par la loi de

(1) *Journal officiel* du 4 avril 1900, p. 2113.
(2) Rennes, 22 déc. 1902, précité : trib. d'Alais, 27 janv. 1903, *Revue de dr. int. priv. et de dr. pén. int.*, 1903, p. 135 ; Toulouse, 8 juill. 1903, *Gazette des trib. du Midi*, 1er nov. 1903, trib. de paix de Lille, 10 juill 1903 ; *Rec. de dr. int priv. et de dr. pén int.*, 1903, p 135, civ, 8 mai 1907, précité. Conf. Sachet, *op. cit.*, t. 1, nos 981 et 1016. Supplément à la 3e éd, n° 2001 ; Loubat, *op. cit.*, t. 1, n° 337 ; Cabouat, *Traité des accidents du travail*, t. 1, n° 265, p. 289. — *Contra*, Douai, 5 avril 1903, S. et P. 1907. 2. 217 , 9 août 1905, S. et P 1907. 2. 221 ; Raynaud, *Les accidents du travail des ouvriers étrangers*, p. 110. Auvillain, *op cit.*, p 111

1898, et ne vise pas expressément les accidents dont les ouvriers détachés à l'étranger sont victimes ; il règle seulement la procédure à suivre en pareil cas. C'est donc qu'il admet comme préalablement établi que ces accidents rentrent dans les prévisions de la loi (1). La loi du 9 avril 1898, quoique territoriale, produit ainsi des effets extraterritoriaux (2), comme d'ailleurs plusieurs autres lois territoriales, notamment cell. du 15 juin 1872 sur les titres au porteur perdus ou volés (3).

Il a été dérogé à la territorialité de la loi sur les accidents par les conventions diplomatiques conclues entre la France et la Belgique, le 21 février 1906, entre la France et le Grand-Duché de Luxembourg, le 27 juin 1906, et entre la France et l'Angleterre, le 3 juillet 1909, portant que la loi du lieu où est le siège de l'entreprise, reste applicable aux personnes occupées en France depuis moins de six mois et détachées à titre temporaire d'une entreprise établie en Belgique, dans le Grand-Duché ou en Angleterre et réciproquement (v. chap. VIII annexes IV, V et VI).

La légalité de cette disposition des traités nous paraît toutefois contestable. En effet, le dernier alinéa de l'article 3 autorise seulement le gouvernement à modifier par des traités diplomatiques les règles relatives aux

---

(1) Loubat, *op. et loc. cit* ; Sachet, *op. et loc. cit.*

(2) Perroud, « De l'extension extraterritoriale des lois de police comme conséquence de l'autonomie de la volonté », *Journ. du dr. int. priv.*, 1906, p. 631.

(3) Lyon-Caen et Renault, *Traité de droit commercial*, 4e éd., t. II, no 654, p. 578 ; Wahl, *Traité des titres au porteur*, t. II, no 1587 et s.

droits des ouvriers étrangers qui cessent de résider en France et de leurs représentants étrangers, qui ne résidaient pas sur le territoire au jour de l'accident, ou qui cessent d'y résider ; mais ce texte ne semble pas donner le droit au gouvernement de stipuler que des ouvriers étrangers travaillant en France, ne pourront pas se prévaloir de la loi française et seront soumis à la loi d'un pays étranger. « Les dispositions des trois alinéas précédents, dit le texte, pourront toutefois être modifiées par traités *dans les limites des indemnités prévues au présent article*, pour les étrangers dont les pays d'origine garantiraient à nos nationaux des avantages équivalents ». Les trois alinéas dont les dispositions peuvent être modifiées, concernent : 1° les ouvriers étrangers qui cessent de résider en France ; 2° les ayants droit étrangers des ouvriers étrangers qui se trouvent dans le même cas ; 3° les représentants étrangers d'ouvriers étrangers qui ne résidaient pas en France au jour de l'accident. En admettant qu'on puisse faire rentrer dans ces catégories .e personnes les ouvriers étrangers venus travailler temporairement en France et leurs représentants, le droit du gouvernement est circonscrit « dans la limite des indemnités prévues » par l'article 3, c'est-à-dire qu'il peut stipuler que les ouvriers étrangers auront droit à ces indemnités comme les ouvriers français ; mais ce texte ne l'autorise pas à faire plus et notamment à soustraire certains ouvriers étrangers à l'application de la loi.

§ 3. — Exterritorialité des lois étrangères

Le caractère territorial des lois étrangères sur les accidents du travail, n'est pas plus absolu que celui de la loi française. Presque toutes admettent des exceptions.

La législation allemande repose comme la loi française sur le principe de la territorialité, mais elle autorise le gouvernement à apporter à cette règle par des traités de réciprocité, deux dérogations considérables : la première en excluant de l'application de la loi les exploitations situées sur le territoire allemand, qui font partie d'une entreprise étrangère, la seconde en sou mettant à la loi allemande des exploitations situées à l'étranger, qui font partie d'une entreprise allemande (loi du 30 juin 1900, art. 4). Le gouvernement allemand a usé de cette faculté en concluant des traités avec le Grand-Duché de Luxembourg, à la date du 2 septembre 1905 et avec les Pays-Bas, le 27 août 1907 (v. ch. VIII et annexes VIII et IX).

La loi autrichienne étend l'obligation de l'assurance aux ouvriers et employés des chemins de fer occupés à titre temporaire hors des frontières ou à titre permanent sur des lignes de raccordement dans les stations frontières, ainsi qu'aux entreprises de navigation intérieure pour le service qu'elles font en dehors du royaume (*suprà*, p. 15).

La loi hongroise bénéficie, dans certains cas, aux ouvriers des entreprises nationales employés à l'étranger à titre permanent ou temporaire et aux établissements hongrois qui s'étendent au delà des frontières (*suprà*, p. 17).

La loi luxembourgeoise est semblable à la loi allemande. La loi hollandaise s'étend à l'ouvrier domicilié en Hollande, qui est blessé à l'étranger dans une entreprise nationale, et ne s'applique pas à l'ouvrier blessé en Hollande dans une entreprise étrangère, s'il n'a pas son domicile dans le pays (*suprà*, p. 19).

La législation anglaise paraît avoir un caractère strictement territorial (sauf la dérogation consacrée par le traité franco-anglais du 3 juillet 1909 pour les ouvriers occupés temporairement en France, annexe VI). C'est ainsi qu'un arrêt de la cour d'appel de Londres du 1er avril 1909 a décidé qu'un ouvrier détaché par une maison anglaise pour travailler à Malte ne bénéficiait pas de la législation sur les accidents, l'Acte de 1906 relatif aux indemnités ne mentionnant pas expressément (sauf pour les matelots) les accidents survenus à l'étranger. Dès lors, dit la cour, l'Acte n'a aucune force obligatoire en dehors du royaume, et comme les droits de la veuve sont purement légaux et ne découlent en aucune façon du contrat de travail, sa prétention ne pouvait être accueillie (1). On ne peut s'empêcher toutefois de critiquer cette décision, l'île de Malte étant une possession anglaise et la victime y ayant été envoyée, à titre temporaire, par une maison anglaise où elle était employée.

(1) *Revue des accidents du travail*, Demeur et Smeysters, 1910, p. 59.

Il semble toutefois, d'après un arrêt de la cour d'appel de Londres du 11 février 1908, qu'il en soit autrement pour les marins qui ont été expressément admis à bénéficier du *Workmen's Compensation Act de 1906*. Cet arrêt a été rendu dans les circonstances suivantes : le capitaine d'un navire anglais faisant escale à Anvers, s'était rendu à terre pour déclarer au consul la désertion de trois matelots, lorsqu'il fut victime d'un accident mortel en voulant sauter dans un tramway en marche. La veuve et les enfants de la victime demandèrent l'application de l'Acte de 1906 et portèrent l'affaire devant le tribunal du comté d'Essex. Le juge décida que le capitaine était mort dans un accident arrivé dans l'exercice de ses fonctions et qu'il devait bénéficier de la législation spéciale, attendu qu'il était bien, conformément à l'article 13, un *workman* dont le traitement ne dépassait pas 250 livres par an. Les propriétaires du navire firent appel. La cour décida que les juges s'étaient trompés en comptant la nourriture dans l'évaluation du traitement du capitaine et renvoya devant le juge pour faire fixer exactement le montant du salaire payé par le patron, admettant implicitement, comme le premier juge, l'application de l'Acte de 1906 à un accident arrivé en pays étranger (1).

La législation italienne a elle aussi une portée extraterritoriale tout au moins pour les employés de chemins de fer victimes d'accident en pays étranger (Règlement du 25 septembre 1898 pour l'exécution de la loi

____

(1) *Revue de dr. int. priv. et de dr. pén. int*, 1908, p. 365, note 1.

du 17 mars 1898, art. 61, chap. VIII et annexe III).

La loi belge du 21 décembre 1903, est, comme la loi française, applicable aux ouvriers détachés provisoirement à l'étranger par les entreprises ayant leur siège en Belgique (art. 26, § 2). Outre le traité conclu avec la France, la Belgique a signé, les 15 avril 1905 et 22 mai 1906, des conventions analogues avec le Grand-Duché de Luxembourg, stipulant l'application réciproque de la loi du pays où est le siège de l'entreprise aux ouvriers détachés d'un pays dans l'autre (1).

(1) La Hongrie et l'Italie ont signé une convention analogue.

CHAPITRE III

OUVRIERS FRANÇAIS VICTIMES D'ACCIDENTS A L'ÉTRANGER
ET OUVRIERS ÉTRANGERS
VICTIMES D'ACCIDENTS EN FRANCE

Nous venons de voir que la loi du 9 avril 1898, bien que territoriale, embrasse cependant certains accidents arrivés hors de France à des ouvriers détachés en pays étranger, et que des traités diplomatiques ont accordé la réciprocité sur ce point à divers pays étrangers. Il s'agit maintenant de faire l'application de ces exceptions.

§ 1er. — Ouvriers d'entreprises françaises détachés en pays étranger

L'article 15, § 6 de la loi du 9 avril 1898, modifié par la loi du 30 mars 1905, porte que, dans le cas d'accident arrivé en territoire étranger, le juge de paix compétent est celui du canton où est situé l'établissement ou le dépôt auquel est attachée la victime, d'où l'on tire cette conséquence que les ouvriers détachés à l'étranger d'un *établissement* ou d'un *dépôt* situés en France, bénéficient de la loi (*suprà*, p. 12).

Le mot « dépôt » employé dans le texte, vise les

dépôts de machines des chemins de fer. Il signifie le lieu où sont groupées un certain nombre de locomotives en attendant qu'on les emploie. Les mécaniciens et chauffeurs des trains qui franchissent la frontière, sont attachés à un dépôt en France ; en cas d'accident, ils ont le droit de se prévaloir de la loi de 1898.

L' « établissement » est le siège d'une affaire, d'une entreprise : c'est une manufacture, une usine, un fonds de commerce. Les succursales que possèdent les grandes entreprises sont aussi des établissements. Une usine située à Nancy, et appartenant à une maison ayant son siège à Paris, est un établissement de cette entreprise ; une gare est un établissement d'une compagnie de chemins de fer. Les ouvriers détachés à l'étranger par une entreprise française ou par une de ses succursales, dépendent d'un établissement situé en France et rentrent dans les termes de notre texte. Les employés des trains internationaux, par exemple, les conducteurs et accompagnateurs, les employés des wagons-lits, qui sont attachés à une gare, bénéficient de la loi française, comme dépendant d'un établissement situé en France.

Les dispositions du sixième alinéa de l'article 15 contenant une exception à la règle de la territorialité de la loi, doivent être interprétées strictement. Dès lors, seuls les ouvriers « attachés » à un « établissement » ou à un « dépôt », en France, et blessés à l'étranger, ont le droit de se prévaloir de la loi française.

On doit considérer comme *attachés* à un établissement ou à un dépôt les ouvriers qui continuent à dépendre de cet établissement ou de ce dépôt, à en recevoir directement ou indirectement les ordres ou le salaire. Si une maison française a une entreprise en pays étranger : construction d'un pont, d'un tunnel, d'une usine, d'un égout, etc., les ouvriers amenés de France par cette entreprise, ne dépendent pas de l'établissement de France ; une entreprise de ce genre forme par elle-même un établissement distinct à l'étranger ayant ses propres ouvriers, et tombe sous le coup de la loi étrangère. Le tribunal de Lyon a décidé que la loi française sur les accidents devait s'appliquer à un ouvrier envoyé en Turquie au service d'une autre entreprise par une maison française qui continuait à lui payer son salaire (1). On a pensé avec raison que le paiement du salaire constituait le lien exigé par la loi entre l'entreprise française et son ouvrier travaillant en pays étranger.

La loi du 9 avril 1898 ne fixe aucune durée au travail temporaire effectué en pays étranger par les ouvriers détachés d'établissements français. Il importe peu, soit que ce travail doive avoir une durée plus ou moins longue, pourvu qu'il ait un caractère temporaire, soit que l'ouvrier fût occupé en pays étranger depuis plus ou moins de temps, s'il continuait à dépendre d'une maison située en France. Nous verrons cependant que les traités franco-belge, franco-luxembourgeois et franco-anglais stipulent que la loi du pays où est le siège de l'entreprise est applicable aux ouvriers détachés d'un pays dans

____

(1) Lyon, 26 décembre 1907. D. P. 1909. 2. 129.

l'autre à titre temporaire, et occupés dans le pays depuis moins de six mois seulement, au jour de l'accident. Cette restriction ne peut pas être invoquée devant les tribunaux français contre les ouvriers français détachés en Angleterre, en Belgique ou dans le Grand-Duché. Ces ouvriers bénéficient des termes généraux de leur loi nationale qui ne limite pas la durée du travail en pays étranger ; or, un traité diplomatique, non approuvé par le Parlement, ne peut pas modifier la loi. On ne pourra se prévaloir de cette disposition contre les ouvriers français que devant les tribunaux belges, luxembourgeois ou anglais où la loi française n'est rendue obligatoire que dans les termes du traité. En retour, elle sera obligatoire en France pour les ouvriers belges, luxembourgeois et anglais.

La nationalité du chef d'entreprise au service duquel est la victime à l'étranger, est indifférente pourvu que l'entreprise ait son siège en France et soit soumise à la loi française. Ainsi une succursale à Paris d'une maison anglaise détache des ouvriers en Belgique. L'établissement français et tous ses ouvriers étant régis par la loi française, les ouvriers détachés en Belgique doivent continuer à bénéficier de cette loi, comme s'ils dépendaient d'une maison française.

La nationalité de l'ouvrier détaché d'un établissement ou d'un dépôt situés en France est également sans portée. Il peut arriver, en effet, que les ouvriers envoyés provisoirement en pays étranger, par un établissement français, soient de nationalité étrangère. Ces ouvriers bénéficient, comme les ouvriers français, de la loi française; toute distinction à cet égard serait arbitraire, le législateur ne s'étant pas plus préoccupé de la nationalité des victimes d'accidents du travail que de celle des chefs d'entreprise. Tous sont appelés à bénéficier de la responsabilité légale du patron instituée par la loi du 9 avril 1898. Dès lors, puisque la responsabilité s'étend aux ouvriers attachés à un établissement ou à un dépôt situés en France, cette extension doit profiter aux ouvriers étrangers comme aux ouvriers français. C'est dans ce sens que s'est prononcé le jugement précité du tribunal civil de Lyon, au sujet d'un ouvrier italien envoyé travailler en Turquie par un chef d'entreprise français (1).

Echelles du Levant et de Barbarie, Extrême-Orient

Les sujets des Etats chrétiens forment dans les Echelles du Levant, les Echelles de Barbarie et en Extrême-Orient, par l'effet du maintien des anciennes capitulations, une sorte de colonie où les étrangers conservent leur nationalité, leurs droits civils et politiques comme s'ils avaient gardé leur domicile et leur résidence d'origine, et où, lorsqu'aucun indigène n'est intéressé dans le litige, leurs lois nationales leur sont exclusivement applicables au point de vue non seulement du statut personnel, mais encore de tous les actes, traités et conventions, en matière civile, criminelle, même administrative. Ils restent sous

(1) Trib. civ. de Lyon, 26 déc. 1907, précité. — *Contrà,* Rennes, 22 déc. 1903, S. et P. 1907. 2. 217.

l'autorité de leur pays représenté par le consul qui exerce sur eux une véritable juridiction. Les Français résidant dans ces contrées sont donc soumis aux lois françaises. Dès lors, il faut se demander si les entreprises françaises qui y sont établies, sont assujetties à la loi du 9 avril 1898 ou au droit commun. Nous pensons qu'il faut se prononcer pour le droit commun par analogie avec les colonies où la législation sur les accidents n'est pas applicable. Il serait, en effet, profondément illogique d'appliquer la loi de 1898 aux entreprises françaises des pays dont nous nous occupons alors que les règles du Code civil sont encore en vigueur dans les colonies, par exemple, de faire bénéficier de la responsabilité légale la victime d'un accident arrivé en Chine, et seulement du droit commun la victime d'un accident arrivé au Tonkin. Il y aurait là une anomalie choquante et en contradiction flagrante avec l'esprit de la loi. Enfin la procédure spéciale instituée par la loi du 9 avril 1898 est inapplicable dans ces pays (1).

§ 2. — Ouvriers d'entreprises étrangères détachés en France

La loi française embrassant les accidents arrivés aux ouvriers détachés à l'étranger par des établissements situés en France, le Gouvernement a cru devoir accorder la réciprocité à cet égard à un certain nombre de pays étrangers pour leurs ouvriers détachés en France.

(1) Cour d'appel de Saïgon, 27 mars 1908, *Journ. du dr. int. privé*, 1909, p. 453.

Jusqu'à ce jour, ces pays sont la Belgique, le Grand-Duché de Luxembourg et l'Angleterre.

1° Ouvriers belges. — L'article **2** de la convention franco-belge du **21** février **1906** (V. Chap. VIII), porte : « Il sera toujours fait exception à cette règle (de l'article 1er stipulant l'application de la loi du pays où l'accident est arrivé), lorsqu'il s'agira de personnes détachées à titre temporaire et occupées depuis moins de six mois sur le territoire de celui des deux États contractants où l'accident est survenu, mais faisant partie d'une entreprise établie sur le territoire de l'autre État. Dans ce cas, les intéressés n'auront droit qu'aux indemnités et garanties prévues par la législation de ce dernier État.

« Il en sera de même pour les personnes attachées à des entreprises de transports et occupées de façon intermittente, même habituelle, dans le pays autre que celui où les entreprises ont leur siège. »

Cette convention vise deux catégories d'ouvriers : 1° les ouvriers d'industrie ; 2° ceux des entreprises de transports.

a) *Ouvriers d'industrie.* — Pour ces ouvriers, le traité stipule l'application de la législation belge sous trois conditions : 1° que la victime fasse partie d'une entreprise ayant son siège en Belgique ; 2° qu'elle soit détachée en France à titre temporaire ; 3° qu'au moment de l'accident, elle soit occupée en France depuis moins de six mois. Ces conditions ne sont pas autre chose que l'application de la loi française qui ne bénéficie aux ouvriers détachés en pays étranger qu'autant qu'ils sont attachés à un établissement ou à un dépôt situés en France.

1° Il est nécessaire que l'ouvrier belge soit détaché en France par une entreprise ayant son siège en Belgique. Il ne suffirait même pas que l'entreprise fonctionnât en Belgique si elle n'y avait pas son siège. L'ouvrier qui vient tous les jours de Belgique travailler en France, n'a pas le droit de se prévaloir du traité s'il n'est pas attaché à une maison ayant son siège en Belgique.

2° Il faut que l'ouvrier dépendant d'une entreprise située en Belgique ait été détaché en France à titre temporaire, c'est-à-dire provisoirement, pour un court laps de temps, par exemple, pour l'installation d'une machine, d'une usine, etc. Un ouvrier envoyé en France à titre définitif par une maison ayant son siège en Belgique, ne saurait invoquer le traité. La durée de la mission en France n'est pas limitée ; elle peut être plus ou moins longue pourvu qu'elle ait un caractère temporaire.

Ces deux premières conditions ne sont que l'équivalent de la loi française relativement aux ouvriers attachés à un établissement français et envoyés temporairement à l'étranger.

3° Enfin l'ouvrier détaché en France doit y être occupé depuis moins de six mois au moment de l'accident. Il importe peu qu'il ait été détaché pour un travail temporaire qui doit durer davantage, s'il n'est pas occupé en France depuis plus de six mois à la date de l'accident. Cette condition a été ajoutée à celles qu'exige la loi du 9 avril 1898 des ouvriers français détachés à l'étranger.

b) *Ouvriers des entreprises de transports.* — La seconde catégorie de personnes visées par la convention franco-belge, concerne les ouvriers des entreprises de transports occupés de façon intermittente, même habituelle, dans le pays autre que celui où les entreprises ont leur siège. Il s'agit ici des ouvriers des entreprises de transports par chemins de fer, fleuves, canaux et rivières, qui viennent de Belgique en France et inversement, dans leur service.

L'application de la loi belge aux ouvriers belges de ces entreprises, blessés en France, est subordonnée à deux conditions : 1° qu'ils soient, comme les ouvriers d'industrie, attachés à des entreprises ayant leur siège en Belgique ; 2° qu'ils soient occupés en France de façon intermittente, c'est-à-dire discontinue et par intervalles, alors même qu'elle serait habituelle.

L'ouvrier ou l'employé d'une entreprise de transports belge, qui seraient détachés en France pour un travail temporaire et non intermittent, par exemple, un chef de gare ou un employé de bureau envoyés en France pour une durée déterminée et continue, bénéficieraient-ils de la loi belge, en cas d'accident? Oui, s'ils sont en France depuis moins de six mois; car, s'il est vrai que ces employés ne sont pas occupés à un travail intermittent, ils rentrent du moins dans la catégorie visée au premier alinéa de l'article 2 de la convention, qui comprend les ouvriers ou employés détachés par une maison belge à titre temporaire et occupés depuis moins de six mois en pays étranger, au jour de l'accident.

Le traité franco-belge ne se préoccupe pas de la

nationalité des ouvriers détachés d'un pays dans l'autre. Il n'est donc pas nécessaire que les ouvriers envoyés temporairement de Belgique en France, soient de nationalité belge pour qu'ils aient le droit de se prévaloir du traité et réciproquement (*suprà*, p. 52).

2° **Ouvriers luxembourgeois.** — Le traité franco-luxembourgeois, signé le 27 juin 1906, est exactement semblable au traité franco-belge (V. Chap. VIII). On y relève cette seule différence que les ouvriers français y sont appelés « sujets français » au lieu de « citoyens français ». Dès lors, tout ce que nous venons de dire des ouvriers belges détachés en France à titre temporaire, s'applique aux ouvriers luxembourgeois détachés en France et réciproquement.

La Belgique et le Grand-Duché de Luxembourg ont conclu deux conventions les 15 avril 1905 et 22 mai 1906 (chap. VIII, § 5), qui contiennent des dispositions à peu près identiques. « Il sera cependant, dit l'article 2, fait exception à la règle précédente lorsqu'il s'agira d'ouvriers, sans distinction de nationalité, qui sont occupés passagèrement, c'est-à-dire pendant six mois au plus, sur le territoire de celui des deux Etats contractants où l'accident est survenu, mais qui sont attachés à une entreprise située sur le territoire de l'autre Etat, auquel cas la législation de ce dernier Etat sera seule applicable ».

A l'encontre des traités franco-belge et franco-luxembourgeois, celui-ci dit expressément qu'il s'agit non seulement des ouvriers belges et des ouvriers luxembourgeois, mais des ouvriers de n'importe quelle nationalité. Toutefois ce n'est là qu'une différence de rédaction, car le sens du traité franco-belge, avons-nous dit, est le même.

La seule différence de fond, porte sur la durée de l'occupation en pays étranger. En effet, le traité franco-belge exige seulement que la victime ait été détachée à titre temporaire en France ou en Belgique, sans détermination de la durée de sa mission, pourvu qu'elle soit occupée depuis moins de six mois au jour de l'accident. La convention entre la Belgique et le Grand-Duché exige, au contraire, que l'ouvrier ne soit pas détaché en France pour plus de six mois. Il s'agit ici des ouvriers « qui sont occupés passagèrement, c'est-à-dire pendant six mois au plus » ; ce texte ne considère donc comme occupation temporaire que celle qui ne doit pas dépasser six mois.

3° Ouvriers anglais. — Le traité franco-anglais du 3 juillet 1909 contient, dans son article **2**, une disposition absolument semblable à celle des traités franco-belge et franco-luxembourgeois. Dès lors, les ouvriers détachés d'une entreprise anglaise en France et occupés depuis moins de six mois, continuent à bénéficier, en cas d'accident du travail, de leur législation nationale.

4° Ouvriers d'autres nationalités. — La convention franco-italienne du 9 juin 1906 ne contient aucune disposition concernant les ouvriers détachés dans l'un ou l'autre pays. Par suite, les ouvriers italiens occupés temporairement en France, n'auront pas le droit, du moins devant les tribunaux français, de se prévaloir de la loi italienne, et bénéficieront de la loi française. Il en sera de même des ouvriers des autres pays n'ayant pas de traité avec la France.

CHAPITRE IV

DROITS DES OUVRIERS ÉTRANGERS VICTIMES D'ACCIDENTS EN FRANCE

La main-d'œuvre étrangère jouit en France de la liberté la plus complète. Aussi y est-elle très importante. Les ouvriers étrangers, surtout les ouvriers italiens et belges, font aux travailleurs français une concurrence redoutable. On a cependant prétendu restreindre la liberté d'embauchage des ouvriers étrangers par certaines mesures ; mais elles sont totalement illusoires (1). La loi du 8 août 1893 dite relative au séjour des étrangers en France et *à la protection du travail national*, est inefficace. Elle se borne à imposer à tout étranger non admis à domicile et arrivant dans une commune pour y exercer une profession, un commerce ou une industrie, l'obligation de faire à la mairie, dans les huit jours de son arrivée, une déclaration de résidence, en justifiant de son identité, sous peine d'une amende de 50 à 500 francs. Cette déclara-

(1) Décret du 2 octobre 1888 sur la déclaration de résidence des étrangers ; loi du 8 août 1893 ; décret du 10 août 1899 sur les conditions du travail dans les marchés passés au nom de l'Etat, des départements, des communes et des établissements publics.

tion est consignée sur un registre d'immatriculation, dont un extrait est délivré au déclarant. En cas de changement de commune, l'étranger doit faire viser son certificat d'immatriculation, dans les deux jours de son arrivée, à la mairie de sa nouvelle résidence. Toute personne qui emploie sciemment un étranger non muni du certificat d'immatriculation, encourt les peines de simple police. Ce ne sont assurément pas ces dispositions si anodines qui pouvaient enrayer l'invasion des ouvriers étrangers, qui n'a fait que grandir (1).

Ajoutons enfin, bien que cela n'ait aucun rapport avec la condition juridique des ouvriers étrangers en France, que la loi du 3 décembre 1849 autorise le gouvernement, par mesure de police, à enjoindre à tout étranger se trouvant en France, de sortir immédiatement du territoire français et à le faire conduire à la frontière.

La loi du 9 avril 1898 sur les accidents du travail a assimilé les ouvriers étrangers aux ouvriers français tant qu'ils résident sur le territoire français, et il en est de même de leurs représentants. Mais la loi du 31 mars 1905 a autorisé le gouvernement à faire bénéficier les ouvriers étrangers et leurs représentants d'une assimilation complète avec les ouvriers français et leurs représentants, à charge de réciprocité.

Nous étudierons d'abord les droits des ouvriers étrangers eux-mêmes et ensuite ceux de leurs représentants. Pour les modifications apportées aux disposi-

(1) 420.000 en 1901 contre 339.000 en 1891.

tions de la loi par des traités internationaux, nous renvoyons au chapitre VIII, spécialement consacré à l'examen de ces actes diplomatiques.

§ 1er — Historique de la législation française concernant les ouvriers étrangers

Avant la loi de 1898, les ouvriers étrangers victimes d'un accident du travail en France, jouissaient des mêmes droits que les ouvriers français. Il n'en est plus de même aujourd'hui. Pour des considérations sur lesquelles nous nous expliquerons, les ouvriers étrangers ont été placés sous un régime d'exception.

Dans le premier projet présenté à la Chambre des députés en 1888, la victime elle-même était complètement assimilée à l'ouvrier français. Seuls étaient exclus de cette assimilation, en cas de mort de la victime, les représentants de l'ouvrier étranger qui ne résidaient pas sur le territoire français au moment de l'accident. Le rapporteur de la loi, M. Ricard, justifiait ce texte, devant la Chambre, en ces termes : « Nous avons voulu éviter qu'après un accident suivi de la mort d'un ouvrier étranger, le patron français ou ceux qui le représenteront, car c'est là une question qui intéresse beaucoup plus les compagnies d'assurances que les patrons, soient obligés d'envoyer à l'étranger une pension, si petite qu'elle soit, pour élever des enfants et nourrir une femme qui n'auront jamais mis les pieds sur le territoire français. C'est seulement lorsque la famille de cet ouvrier ne vivra pas sur le territoire français, à côté de lui, qu'aucune pension ne sera due aux ayants droit. Agir autrement ce serait exposer l'industrie à recevoir des réclamations sans qu'il soit possible de vérifier la qualité de ceux qui prétendent avoir des droits... Soyez-en certains, dès qu'un accident suivi de mort se sera produit, vous verrez arriver des contrées les plus lointaines des individus qui affirmeront qu'ils sont la femme ou les enfants de cet ouvrier étranger. Il faudra donc engager les plus difficiles questions d'état » (1).

Ces arguments nous paraissent aujourd'hui bien faibles. Nous ne voyons pas quel danger économique il peut y avoir à servir des pensions à des personnes qui ne sont jamais venues et ne viendront jamais en France. Ces pensions auraient-elles une si grande importance que la situation monétaire de notre pays puisse en être compromise ? D'autre part, sous l'empire du Code civil, l'allocation d'indemnités à des ayants droit étrangers n'avait jamais donné lieu à aucune difficulté sérieuse. On n'avait jamais vu cette foule d'usurpateurs s'abattre sur les indemnités, et on se demande à quelles contrées si lointaines pensait l'honorable rapporteur, qu'on ne puisse y contrôler les droits des héritiers.

Aussi le dernier alinéa de l'article 1 du projet fut violemment attaqué par MM. Bernard (du Doubs) et Basly, comme favorisant la main-d'œuvre étrangère. M. Jullien, dans une interruption, porta la question sur son véritable terrain, en s'écriant : « Ainsi, il y aura

(1) Chambre des députés, séance du 3 juillet 1888, *Journal officiel*, p. 1960.

des dettes qu'on ne paiera pas ! » C'était là, en effet, le côté saisissant des dispositions proposées ; mais on n'y insista malheureusement pas. Le rapporteur défendit le projet. Il contesta que l'exclusion des ayants droit ne résidant pas en France pût devenir une prime à l'emploi des ouvriers étrangers, alors que les cas de mort ne sont que de 2 0/0 sur le nombre total des accidents. Enfin il ajouta le véritable motif qui avait inspiré la commission, en disant : « Nous avons voulu purement et simplement répondre dans la limite restreinte qui nous était impartie, à une disposition qui a été prise par d'autres nations contre les travailleurs étrangers. Ainsi l'article 6 de la loi allemande de 1884, aux termes duquel les représentants de l'ouvrier étranger qui est tué sur le territoire allemand n'ont droit à aucune indemnité » (1). Tel était, en effet, le fond de la pensée des auteurs du projet : répondre par des mesures de rétorsion à la dureté de la loi allemande, oubliant ainsi que peu d'Allemands seraient atteints et qu'une multitude d'ouvriers belges et italiens souffriraient de la rigueur de notre législation. Le texte fut d'ailleurs repoussé par 216 voix contre 189.

Mais la même disposition reparut, en 1892, dans le projet de la commission, avec un correctif important, il est vrai, sous la forme de l'article 7, ainsi conçu : « Les ayants droit d'un ouvrier étranger qui, au moment de l'accident, n'avaient pas leur résidence sur le territoire français, ne sont pas admis à réclamer le

(1) *Journal officiel*, 3 juillet 1888, Chambre des députés, p. 1963.

bénéfice des dispositions qui précèdent, à moins qu'ils ne justifient que dans le pays d'origine de la victime, les Français jouissent de cet avantage sans condition de résidence ». Ici encore, la victime elle-même n'était frappée d'aucune déchéance : « Aucune distinction, disait M. Ricard dans son rapport, n'est faite entre les ouvriers français et les ouvriers étrangers. La loi dont le but essentiel est d'éviter des instances longues et coûteuses et d'assurer rapidement aux victimes d'accidents une indemnité suffisante, présente un caractère d'ordre public tellement absolu qu'elle doit être appliquée aux nationaux des autres pays qui travaillent sur notre territoire, alors même que ces pays n'accorderaient pas aux Français des avantages équivalents (1) ». Mais les ayants droit d'un ouvrier étranger qui ne résidaient pas en France étaient exclus de tout droit à une indemnité avec ce tempérament toutefois qu'ils seraient assimilés aux représentants d'un ouvrier français si la législation de leur pays accordait le même avantage aux Français.

Le texte de la commission fut adopté par la Chambre avec la disposition additionnelle suivante, proposée par MM. de Ramel et Le Cour Grandmaison : « Toutefois, les indemnités auxquelles ils pourraient avoir droit, seraient en tous cas liquidées et comprises dans la répartition annuelle entre tous les chefs d'entreprise ; le montant en sera versé à la réserve de la caisse et ne sera payé aux ayants droit de l'ouvrier étranger que

---

(1) Rapport de M. Ricard à la Chambre des députés, *Journal officiel,* Documents parlementaires, Chambre des députés, annexe n° 1926.

s'ils remplissent les conditions prévues par le paragraphe précédent ».

Ce deuxième alinéa fut supprimé, en première lecture, par le Sénat, en 1893, et la disposition portant exclusion sauf réciprocité législative, fut seule maintenue. Ce texte disparut lui aussi en seconde lecture, en 1896, et l'assimilation complète l'emporta. Il en fut de même à la Chambre en 1897.

Malheureusement, en 1898, le Sénat revint au projet de 1888, même en l'aggravant : les ouvriers étrangers qui cessaient de résider en France après l'accident, perdaient leur droit à la rente viagère et recevaient pour toute indemnité un capital égal à trois fois la rente qui leur avait été allouée ; d'autre part, les représentants de l'ouvrier étranger qui ne résidaient pas en France au moment de l'accident, n'avaient droit à aucune indemnité. Ces dispositions furent votées successivement par le Sénat et par la Chambre et figurent dans l'article 3 de la loi du 9 avril 1898.

Cette loi souleva de graves critiques. D'abord, l'exclusion de tout droit à l'indemnité édictée contre les représentants de l'ouvrier étranger, qui ne résidaient pas en France au moment de l'accident, choquait toute idée de justice. Ensuite, elle substituait un capital de trois annuités à la pension de la victime cessant de résider en France, alors que les ayants droit se trouvant dans le même cas, continuaient à recevoir leur rente. D'autre part, la nouvelle loi allemande du 30 juin 1900, rompant avec le système de défaveur envers les ouvriers étrangers, avait autorisé le gouvernement à faire cesser l'exclusion des représentants résidant à l'étranger, en faveur de certains territoires limitrophes ainsi que des sujets des États étrangers dont la législation assurerait une protection équivalente aux survivants d'Allemands victimes d'accidents du travail. La France ne pouvait pas manquer d'entrer dans cette voie de progrès.

La loi du 31 mars 1905 porta, en effet, à l'ancien texte les modifications suivantes : 1° les ayants droit étrangers qui cessent de résider sur le territoire français après l'accident, reçoivent pour toute indemnité, un capital égal à trois fois leur rente, sans que ce capital puisse toutefois dépasser la valeur actuelle de la rente d'après le tarif dressé par la Caisse nationale des retraites, en application de l'article 28 ; 2° les dispositions de la loi relatives aux ouvriers étrangers, peuvent être modifiées par traités pour les ouvriers dont les pays d'origine accordent à nos nationaux des avantages équivalents.

§ 2. — Indemnités dues aux ouvriers étrangers victimes d'accidents du travail en France

Les droits des ouvriers étrangers victimes d'accidents du travail en France sont déterminés par le sixième alinéa, § G, de l'article 3 de la loi du 9 avril 1898, dont voici le texte :

« Les ouvriers étrangers, victimes d'accidents qui cesseraient de résider sur le territoire français, recevront pour toute indemnité, un capital égal à trois fois la rente qui leur avait été allouée ».

La loi ne se préoccupe des ouvriers étrangers que pour le cas où ils cessent de résider en France après l'accident. Dès lors, tant que ces ouvriers résident en France, ils sont complètement assimilés aux ouvriers français, et cette assimilation ne prend fin qu'autant qu'ils ne résident pas en France au jour de l'accident ou qu'ils cessent d'y résider pour se fixer en pays étranger.

I. *Ouvriers étrangers résidant en France et continuant d'y résider après l'accident.* — L'ouvrier étranger qui réside en France au moment de l'accident et continue à y résider après, jouit absolument des mêmes droits que l'ouvrier français : il reçoit les mêmes indemnités et a droit aux mêmes garanties.

La résidence consiste dans l'habitation habituelle, l'établissement permanent, l'exercice de la profession dans un lieu déterminé. Ce n'est pas une résidence légale qui est exigée pour que l'assimilation soit de droit : il suffit d'une résidence de fait. Il est donc indifférent que l'ouvrier ait été admis à domicile conformément à l'article 13 du Code civil et qu'il ait fait ou non la déclaration de résidence prescrite par la loi du 8 avril 1893 (1).

L'ouvrier étranger qui se trouve sous le coup d'un arrêté d'expulsion et réside en France au mépris de cet arrêté, n'encourt pas la conversion de sa pension en capital. Cet ouvrier n'a en aucune façon cessé de résider en France; la déchéance de l'article 3 édictée contre ceux qui transportent leur établissement en pays étranger, ne saurait donc l'atteindre. En effet, les exceptions sont de droit étroit et ne peuvent être étendues arbitrairement dans le silence du texte. Cette opinion est conforme à l'esprit de la loi puisque le législateur, en substituant un capital à la rente de l'ouvrier cessant de résider en France, a voulu empêcher l'exportation de l'or français et les difficultés qu'offrirait la constatation de l'identité des intéressés, ce qui n'est pas à craindre dans notre hypothèse (1).

On objecte que l'auteur d'un délit ne peut puiser dans cette infraction le fondement d'un droit (2); on invoque aussi la jurisprudence de la Cour de cassation sur l'obtention de la nationalité française, décidant « que l'étranger expulsé ne saurait avoir en France ni domicile, ni résidence au sens légal du mot, puisque sa présence seule sur le territoire de la République constituerait un délit » (3). Nous répondons qu'il est vrai qu'une illégalité ne saurait créer un droit ; mais, ici, ce n'est pas l'illégalité de la résidence qui crée le droit à la rente,

---

(1) Trib. de Narbonne, 8 nov. 1900, *Pand. franç.*, 1901. **2**. 313 ; trib. de Nice, 14 déc. 1903, D. P. 1905. **2**. 23, S. et P. 1901. **2**. 223. — Conf. Auvillain, *op. cit.*, p. 68 ; Sanne, *Les ouvriers étrangers en France et le risque professionnel*, p. 91. — *Contrà*, Cabouat, « De l'indemnisation des anciens étrangers victimes d'accidents du travail », *Nouvelle rev. prat. de dr. int. priv.*, 1907, p. 5 ; Raynaud, *op. cit.*, p. 48.

(2) Raynaud, *op.* et *loc. cit.*, p. 48 ; Cabouat. *op.* et *loc. cit.*

(3) Cass., 22 déc. 1894, S. 95. 1. 155 ; 31 janv. 1896, S. 96. 1. 537 ; 30 mars 1898, S. 99. 1. 112.

c'est le fait matériel de la résidence, légale ou illégale. L'infraction ne confère pas le droit qui existe en dehors d'elle ; tout au plus empêche-t-elle de le perdre.

La résidence effective est suffisante, mais elle est nécessaire pour que la victime de nationalité étrangère soit assimilée à l'ouvrier français. Il ne lui servirait à rien d'être admise à domicile ou bien d'avoir fait une déclaration de résidence et d'être immatriculée, si elle avait sa résidence effective en pays étranger au jour de l'accident.

Est-ce à dire que la résidence en France doive être ininterrompue ? Certainement non. La résidence est un fait continu qui n'exclut pas une interruption d'une courte durée. Par exemple, l'ouvrier qui, après l'accident va, de temps en temps, voir sa famille à l'étranger et surveille ses intérêts, n'en conserve pas moins sa résidence en France et ne perd pas son droit à la rente (1).

Ici se pose la question de savoir si un ouvrier étranger détaché en pays étranger par un établissement français, doit être considéré comme ayant cessé de résider en France et n'a droit, pour toute indemnité, qu'à une somme triple de la rente viagère. Nous pensons que puisque cet ouvrier avait sa résidence en France au moment où il a été détaché à l'étranger, il doit être assimilé à l'ouvrier étranger qui est victime d'un accident en France, et a droit à la rente viagère. Le fait d'aller travailler provisoirement en pays étranger, ne peut pas être considéré comme une cessation de rési-

(1) Grenoble, 30 déc. 1908, *La Loi*, 12 mars 1909.

dence sur le territoire français. Le texte de l'article 3 vise l'ouvrier étranger qui, après l'accident, cesse de résider en France ; il frappe cet ouvrier de la déchéance du droit à la pension viagère, parce que le législateur n'a pas voulu que l'industrie française servît des rentes à ceux qui ne doivent pas les dépenser en France. C'est un acte de représailles contre ceux qui, une fois pourvus par notre législation bienfaisante, secouent la poussière de leurs souliers et regagnent l'étranger. Nous sommes loin de cette hypothèse. L'ouvrier dont nous nous occupons, a quitté la France pour obéir au contrat de travail et non pour ne pas consommer sa pension dans notre pays. Or, il est inadmissible que le législateur ait voulu se montrer aussi rigoureux envers cet ouvrier contre lequel il ne peut élever aucun reproche, qui a eu foi en son patron et n'a pas hésité à le suivre en pays étranger. S'il en était autrement, le contrat de travail pourrait devenir un piège entre les mains du chef d'entreprise qui enverrait de préférence à l'étranger des ouvriers de nationalité étrangère afin d'échapper, en cas d'accident, à l'obligation de payer des rentes viagères. Le législateur n'a pas voulu permettre de telles surprises. De même que, par une fiction de la loi, l'entreprise dans laquelle travaille cet ouvrier, est considérée comme le prolongement de l'entreprise française, les ouvriers qui y travaillent doivent être traités comme s'ils travaillaient en France (1).

(1) *Contra*, trib. civ. de Lyon, 26 déc. 1907, précité.

II. *Ouvriers étrangers ne résidant pas en France ou cessant d'y résider après l'accident.* — L'article 3 de la loi du 9 avril 1898 attache une déchéance du droit à la rente viagère, à la cessation de résidence de la victime sur le territoire français. Nous venons d'expliquer en quoi consiste la résidence. Il nous reste à définir la cessation de résidence.

a) *Définition de la cessation de résidence.* — Il s'agit de l'abandon effectif et définitif de l'habitation en France, et du transfert en pays étranger de l'habitation, de l'installation ou de l'exercice de la profession. Par exemple, l'ouvrier étranger qui se rendrait, après l'accident, dans son pays pour y achever sa convalescence et avec esprit de retour, ne pourrait pas être considéré comme ayant cessé de résider en France. Il en serait de même de celui qui irait, de temps en temps, visiter sa famille à l'étranger (1). Les tribunaux ont, sur ce point, un pouvoir souverain d'appréciation.

La loi ne fait aucune distinction entre les causes de la cessation de résidence. Il en résulte que la déchéance de la rente est encourue alors même que la victime a été éloignée du territoire français en vertu d'un arrêté d'expulsion (2).

Si, après avoir cessé de résider en France et obtenu le paiement du capital, l'ouvrier revenait se fixer dans ce pays, son droit à la rente viagère ne revivrait plus. La substitution du capital à la rente est irrévocable.

---

(1) Grenoble, 30 déc. 1903, précité.
(2) Paris, 3 janv. 1903, *Pand. franç.*, 1904 2, 213. Cabouat, *op. cit.*, p. 7 ; Sautie, *op. cit.*, p. 89 ; Auvillain, *op. cit.*, p. 69.

L'ouvrier qui abandonne sa résidence en France, perd son droit à la pension ; il doit en subir le rachat par le paiement de trois annuités, et ce rachat est définitif. « Les ouvriers étrangers, dit le texte, victimes d'accidents qui cesseraient de résider sur le territoire français, recevront *pour toute indemnité*, un capital égal à trois fois la rente ». Le paiement de ce capital libère complètement le chef d'entreprise et rompt tout lien de droit entre lui et son ouvrier. Entre eux désormais, c'est fini ; tous comptes sont liquidés. L'ouvrier a reçu un capital pour toute indemnité ; il n'a plus aucun droit et est devenu un étranger pour le patron. La loi ne le connaît plus. Il ne s'agit même plus ici du forfait, mais d'une obligation légale qui ne pourrait être résolue que par la loi elle-même. Dès lors, si, postérieurement, l'ouvrier étranger rentre en France, il ne recouvrera pas son droit à la rente, qui est définitivement éteint par le rachat. Il est vrai que les motifs sur lesquels repose la substitution à la rente, n'existeront plus ; mais les parties ne peuvent, en l'absence de toute disposition légale, défaire ce que la loi a fait.

S'il en était autrement, la victime pourrait se livrer indéfiniment à ce manége et tenir pendant des années le chef d'entreprise ou l'assureur dans l'incertitude. Non seulement ce résultat serait contraire au système forfaitaire de la loi, mais il présenterait des inconvénients que le législateur a voulu éviter. En effet, on ne propose pas, et pour cause, de limiter la durée du

(1) *Contrà*, Cabouat, *op. cit.*, p. 33 ; Ausvillain, *op. cit.*, p. 63 ; Raynaud, *op. cit.*, p. 63 ; Sanio, *op. cit.*, p. 110.

droit à cette conversion. Dès lors, ce droit durerait autant que l'ouvrier lui-même, et cette revision d'un nouveau genre, parfaitement arbitraire d'ailleurs, serait perpétuelle, alors que la loi assigne à la revision pour cause d'aggravation ou d'atténuation, un délai de trois ans. Alors, apparaîtra dans toute sa force le danger signalé par M. Ricard dans son rapport, relativement à l'identité des indemnitaires. Comment déjouer la fraude lorsque dix ans, par exemple, se seront écoulés, depuis le rachat ?

Il est vrai que nous reconnaissons, ainsi que nous le dirons plus loin, à l'ouvrier résidant à l'étranger au jour de l'accident, qui est venu s'établir en France après, le droit d'obtenir la rente viagère. Mais il ne s'agit pas là d'une conversion ni, à plus forte raison, d'une seconde conversion non prévue par la loi. Cet ouvrier résidant en France au jour de la décision, bénéficie de l'indemnité qui est due à tous les ouvriers qui n'ont pas cessé de résider en France après l'accident. Mais si son retour en France avait lieu après la décision, sa demande devrait être rejetée comme celle de l'ouvrier rentré en France après avoir cessé d'y résider, cette conversion n'étant pas prévue par la loi.

Contre notre thèse, on invoque (1) l'exemple de la loi norvégienne qui restitue le droit à la rente à l'indemnitaire rentrant dans le pays après l'avoir quitté. Mais on oublie que cette disposition ne concerne que les citoyens norvégiens, qui, par une extraordinaire rigueur de la loi, perdent leur droit à la rente comme les étrangers, en

____

(1) Samie, *op*. et *loc. cit.*

cessant de résider dans leur pays. Enfin la loi n'autorise cette seconde conversion qu'une fois (*suprà*, p. 20). Ainsi, tous les inconvénients que nous avons signalés, sont évités.

On a soutenu que, du moment que l'article 3 vise exclusivement l'ouvrier étranger qui cesse de résider en France, celui qui n'y réside pas au jour de l'accident, n'a droit à aucune indemnité (1). Cette opinion ne saurait être suivie. En effet, les exceptions doivent être interprétées strictement. Or, la loi de 1898 exclut du droit à l'indemnité les représentants de la victime, qui ne résidaient pas en France au moment de l'accident; mais il est impossible de faire aucune assimilation entre ces ayants droit et la victime elle-même. En ce qui la concerne, l'article 3 porte seulement que sa pension sera remplacée par un capital égal à trois annuités, si elle cesse de résider en France après l'accident. On peut bien soutenir que cette substitution doit frapper *a fortiori* l'ouvrier qui n'a pas à cesser de résider en France puisqu'il n'y résidait pas au moment de l'accident; mais il est impossible d'aller plus loin. N'eût-il pas été d'ailleurs exorbitant de refuser tout droit à l'étranger victime d'un accident en France, pour le motif qu'il n'y avait pas sa résidence ? C'est ce qui a été fait, il est vrai, pour les ayants droit étrangers; mais ceux-ci sont bien moins intéressants que la victime elle-même. Enfin si le législateur avait voulu traiter l'ouvrier non résidant aussi durement que les ayants droit, il est évident qu'il l'aurait dit expressé-

(1) Autillain, *op. cit.*, p. 47.

ment. Cet ouvrier aura donc droit à un capital composé de trois annuités comme s'il cessait de résider en France (1).

L'ouvrier étranger, domicilié à l'étranger, qui passe chaque jour la frontière pour venir travailler en France, ne saurait être considéré comme résidant en France. La résidence consiste, en effet, non dans le fait du travail mais dans celui de l'habitation. L'employé qui réside à Versailles et vient tous les jours à son bureau à Paris, n'est pas en résidence à Paris ; c'est à Versailles qu'il est établi à demeure, qu'il a sa famille et son foyer ; c'est là qu'il séjourne lorsqu'il ne travaille pas, comme les jours fériés, de chômage ou de maladie. Il est vrai qu'il a été décidé que l'ouvrier étranger qui vient travailler tous les jours en France doit faire à l'autorité administrative locale, la déclaration de résidence prescrite par la loi du 8 août 1893 relative au séjour des étrangers en France(2). Mais on ne saurait inférer de ces décisions que le fait par cet ouvrier de venir travailler régulièrement dans une commune française, constitue la résidence. En effet, la loi du 8 août 1893 concerne non la résidence des étrangers en France mais leur simple séjour; elle vise tout étranger arrivant dans une commune pour y

(1) Trib. de Lille, 8 mars 1900, *Journ. du dr. int. priv.*, 1900, p. 544 ; Douai, 11 nov. 1900, *Pand. franç.*, 1901, 2. 313 ; Nancy, 13 juin 1905, *Recueil de documents sur les accidents du travail, réunis par le ministère du Commerce, jurisprudence*, t. VI, p. 101. — Conf. Sachet, op. cit., t. I, n° 211 ; Loubat, op. cit., t. I, n° 955 ; Surville, *loc. cit.*

(2) Trib. de Lunéville, 17 janvier 1891, et cour de Nancy, 12 avril 1891, *Journ. du droit int. priv.*, 1891, p. 876.

exercer une profession, un commerce ou une industrie.
Or, il est évident que l'ouvrier qui vient chaque jour
travailler en France, séjourne dans le lieu de son travail et y exerce une profession ; il tombe donc incontes-
tablement sous le coup de la loi ; mais l'hypothèse
visée par cette loi n'a rien de commun avec celle de
l'article 3 de la loi du 9 avril 1898 qui exige que l'ouvrier étranger ait *sa résidence* effective, c'est-à-dire
son habitation en France pour être assimilé à l'ouvrier
français (1). La cour de Toulouse, par un arrêt du
7 août 1901 (2), s'était prononcée en sens contraire :
« Attendu, disait-elle, qu'aux termes de la loi du
9 avril 1898, les ouvriers qui résident en France ont
seuls le droit à une rente, que Bélier a bien son domicile légal en Espagne, mais qu'on doit considérer, en
s'inspirant de l'esprit de la loi de 1898, que sa résidence est là où il travaille habituellement ». La chambre civile de la cour de cassation a condamné cette
doctrine par arrêt du 7 juillet 1903, et décidé que « la
résidence dont parle la loi du 9 avril 1898, est celle du
droit commun que constitue le fait de l'habitation et
non une résidence spéciale que déterminerait le lieu du
travail » (3). Rien n'est plus exact. On ne voit pas, en
effet, sur quoi on peut se baser pour dire que la rési-

(1) Douai, 14 nov. 1900, *Pand. franç.*, 1901. 2. 313 ; civ., 7 juill.
1903, S. et P. 1905. 1. 333, Conf. Sachet, *op. cit.*, t. I, n° 211 ; Cabouat,
op. cit., p. 49 ; Loubat, *op. cit.*, t. I, n° 955 ; Surville, *op.* et loo.
cit., p. 135. — *Contrà*, Raynaud, *op. cit.*, p. 62 ; Auvillain, *op. cit.*,
p. 49 ; Samie, *op. cit.*, p. 99.
(2) *Journ. du dr. int. priv.*, 1902, p. 99.
(3) Civ., 7 juill. 1903, précité.

dence exigée par la loi de 1898 est celle du lieu du travail. Il n'y a qu'une résidence: c'est celle où on a son habitation (1). Et c'est bien uniquement de celle-là que se préoccupe notre loi, puisque la raison qui a fait exiger cette résidence, est que l'ouvrier non résidant ne consommera pas sa pension en France. Mais, dit-on, il peut arriver que la victime ne puisse pas, après l'accident, rentrer dans son pays, et, dans ce cas, c'est bien en France qu'elle dépensera sa rente. Nous répondrons que, dans cette hypothèse, la rente sera due si la victime est en résidence en France au jour de la décision. Ce sera une question d'appréciation.

Si, après l'accident, cet ouvrier vient fixer sa résidence en France, et y réside au jour de la décision, il aura droit à la rente comme s'il avait habité en territoire français au moment de l'accident. Les raisons qui ont déterminé le législateur à supprimer le service de la pension à l'ouvrier résidant à l'étranger, n'existent plus. D'autre part le texte ne s'oppose pas à cette solution attendu qu'il vise uniquement l'ouvrier qui cesse de résider en France, alors que celui-ci vient, au contraire, y résider. ce qui est exactement l'opposé. Les tribunaux ne peuvent substituer le capital à la rente qu'en constatant que la victime ne réside pas ou a cessé de résider en France au moment de la décision ; or, ils ne sauraient le faire pour l'ouvrier qui est venu fixer son domicile en territoire français depuis l'accident.

La question s'est présentée devant la cour de Douai qui l'a tranchée en sens contraire par arrêt du 14 novem-

(1) Douai, 14 nov. 1900, précité.

bre 1900. « Attendu, dit-elle, qu'on ne saurait s'attacher à cette circonstance que Tornu aurait, postérieurement à l'accident, loué une maison dans la commune de Hergnies, et aurait ainsi habité la France ; qu'en effet, il n'est, d'autre part, en aucune façon justifié que cet étranger ait sollicité l'autorisation d'établir son domicile en France ; que, d'autre part, en raison du caractère forfaitaire de la loi, c'est à l'époque où s'est produit l'accident qu'on doit se placer pour décider ce à quoi la victime a droit » (1). Cette argumentation est loin d'être exacte. En ce qui concerne le défaut d'autorisation d'établir le domicile en France, prévue par l'article 13 Code civil, nous avons déjà dit qu'il est indifférent au droit de l'ouvrier. L'autorisation est une présomption, un élément de preuve de la résidence. Or, dans notre hypothèse, il ne s'agit pas d'établir le fait de la résidence qui est certaine, mais le droit qu'elle confère à la victime. Ce droit, dit la cour de Douai, ne peut être apprécié qu'au moment de l'accident et non au jour de la décision. Il est vrai que c'est au moment de l'accident que naît le droit à l'indemnité, mais ce n'est pas à ce moment qu'est déterminée la nature de l'indemnité. Le droit à l'indemnité une fois né, n'est pas immuable ; il peut affecter diverses modalités sous l'influence de certaines circonstances : tels l'ouvrier étranger qui cesse de résider en France, le conjoint survivant qui convole en secondes noces, modifient, à leur gré, la nature de l'indemnité à laquelle ils ont droit. De même lorsqu'un mineur de seize ans, orphelin de père ou de mère,

____

(1) Planiol, *Cours de droit civil*, t. I, p. 631.

devient par le décès du parent survivant, orphelin de père et de mère, il est fondé à réclamer la majoration de la pension due aux enfants en cette dernière qualité (1). Dans notre hypothèse, le droit à l'indemnité naît bien le jour de l'accident, mais il doit être déterminé d'après la situation de la victime au jour de la décision (2).

Si cet ouvrier étranger cesse, plus tard, de résider en France, il subira la substitution du capital à la rente, et cette substitution sera irrévocable, comme pour l'ouvrier étranger résidant en France au jour de l'accident et cessant d'y résider après.

De même, si cet ouvrier ne venait résider en France qu'après la décision lui allouant le capital comme résidant à l'étranger, il ne pourrait pas réclamer la rente, cette conversion n'étant pas prévue par la loi et la substitution du capital à la rente étant définitive.

b) *Effets de la cessation de résidence ou du défaut de résidence de la victime en France.* — En cas d'incapacité temporaire, la cessation de résidence ou le défaut de résidence en France, n'ont aucun effet. L'ouvrier étranger reçoit les mêmes indemnités que s'il se trouvait sur le territoire français. Il a droit, comme l'ouvrier français, à l'indemnité journalière du demi-salaire et au paiement des frais médicaux et pharmaceutiques.

(1) Sachet, *op. cit.*, t. I, n° 579 ; Loubat, *op. cit.*, t. I, n° 898. V. toutefois *contrà.* Trib. civ. de la Seine, 26 nov. 1906, *Gazette des tribunaux*, 13 mars 1907.

(2) Sachet, *op. cit.*, t. I, n° 211 ; Loubat, *op. cit.*, t. I, n° 936 ; Cabouat, *op. cit.*, t. II, n° 771 ; Surville, *op. cit.*, p. 136.

Le chef d'entreprise est donc tenu de ce qui est dû de ce chef aux médecins, pharmaciens ou hospices étrangers. Toutefois le tarif du 30 septembre 1905, dressé par application du deuxième alinéa de l'article 4 (1), pour les frais médicaux et pharmaceutiques, est opposable aux médecins et pharmaciens étrangers. Il en est de même des frais d'hospitalisation qui, aux termes du troisième alinéa de l'article 4, ne peuvent dépasser le tarif établi pour l'application de l'article 24 de la loi du 15 juillet 1893 majoré de 50 0/0, ni excéder jamais 4 francs par jour pour Paris ou 3 fr. 50 partout ailleurs.

En cas d'incapacité permanente, l'ouvrier étranger qui cesse de résider en France, de même que celui qui résidait à l'étranger avant l'accident et y est resté, n'ont droit, pour toute indemnité, qu'à un capital égal à trois fois la rente viagère. On doit donc d'abord et dans tous les cas, déterminer la rente à laquelle la victime a droit. Cette fixation est faite soit par le président du tribunal dans son ordonnance constatant l'accord des parties, soit par le jugement. Ce n'est qu'après cette fixation que la conversion est possible.

Le droit à la conversion naît du fait de la cessation de résidence en France. Mais il n'est pas nécessaire que la victime ait effectivement transporté sa résidence à l'étranger pour que la conversion soit exigible. Le texte vise les ouvriers étrangers « qui cesseraient de résider » ou « cessant de résider » (art. 3, 6, §§ 6 et 7),

____

(1) *Journal officiel* du 8 oct. 1905.

et non ceux qui ont cessé de résider. Mais il ne s'ensuit pas qu'il suffise d'une déclaration de volonté de quitter le territoire français (1). Cette déclaration pourrait être mensongère et inspirée par le seul désir de la victime de toucher immédiatement un capital, ce qui est totalement contraire à l'esprit de la loi. Toutefois, on ne saurait, ainsi que nous l'avons dit, subordonner la conversion à la cessation préalable de résidence ; la somme à laquelle l'ouvrier a droit lui est d'ailleurs probablement nécessaire pour aller s'installer dans son pays. La victime doit donc justifier qu'elle va quitter la France (2), et la valeur de cette justification est laissée à l'appréciation des tribunaux, en cas de contestation.

Il importe peu, pour que la substitution du capital à la rente soit encourue, que la victime réintègre son pays d'origine ou aille résider dans un autre pays étranger ; il suffit qu'elle cesse de résider en France.

La conversion de la rente en un capital de trois annuités ne peut pas être ajournée jusqu'après l'expiration du délai de trois ans accordé par l'article 19 pour la révision de l'indemnité. Le texte portant que les indemnitaires étrangers n'ont plus droit qu'à un capital de trois annuités, n'impose aucune autre condition que la cessation de résidence. Il serait, dès lors, arbitraire d'exiger que le délai de la révision fût expiré pour payer à la victime le capital qui lui est dû. Cette condition l'obligerait à rester en France pendant trois ans après l'acci-

<hr>

(1) Trib. de Marseille, 26 juin 1901, *Rec. spéc. des acc. du travail*, 1901, p. 131 ; Aix, 23 mai 1901, *ibid.*
(2) Trib. de Nice, 28 déc. 1900, *Pand. franç.*, 1901, 2.313.

dent puisque la résidence est obligatoire pour que la pension puisse être payée. Le législateur n'a certainement pas voulu un pareil résultat. Si telle eut été son intention, il n'aurait pas manqué de le dire, comme il l'a fait pour le paiement en espèces du quart du capital représentatif de la rente (art. 9, § 1) et pour la constitution sur la tête de la victime d'une rente réversible pour moitié au plus sur son conjoint (art. 9, § 2) (1). Il n'y a d'ailleurs aucun inconvénient à notre solution, puisque, comme nous le verrons plus loin, le droit à la revision est éteint par la substitution du capital à la rente.

Nous renvoyons au paragraphe 2 (*infrà*, p. 110), l'exposé des règles à suivre pour la substitution du capital à la rente et le calcul de ce capital.

Le service de la rente est suspendu et remplacé par le paiement du capital à partir du jour où la victime cesse de résider en France. Jusqu'à cette date, les arrérages de la rente lui sont dûs.

Lorsque la caisse des retraites est informée, soit par les énonciations du certificat de vie, soit d'une autre manière, que l'une des deux causes de déchéance prévues à l'article 3 de la loi du 9 avril 1898 s'est produite, elle suspend le paiement des arrérages de la rente. Dès que les justifications nécessaires ont été fournies, elle paye :

1° Au rentier une somme égale au triple du montant annuel de la rente, augmentée des arrérages échus au

---

(1) Trib. de Nice, 26 déc. 1900, précité. — Conf. Sachet, *op. cit.*, t. I, n° 208 ; Surville, *op. cit.*, p. 132 ; Cabouat, *Nouvelle rev. prat. de dr. int priv.*, 1907, p. 1.

jour où la déchéance est encourue, ou diminuée de ceux qui auraient été indûment perçus depuis cette date, sur la production de certificats de vie basés sur des déclarations et attestations erronées ;

2° Au débiteur de la rente, l'excédent du prix de cette rente calculé à l'époque du paiement, sur le triple du montant annuel de la rente, ou, le cas échéant, sur ce triple du montant annuel de la rente diminué des arrérages indûment perçus depuis que la déchéance a été encourue (1).

Si des arrérages échus après la cessation de résidence avaient été payés, ils seraient retenus sur le capital. Il en serait toutefois autrement si le paiement d'avance de la moitié du premier terme de la rente avait été stipulé par application du quatrième alinéa du paragraphe C de l'article 3, et si l'ouvrier étranger avait quitté la France dans la première moitié de ce trimestre. Dans ce cas, la portion non échue de la rente serait acquise par application de la règle de l'article 1980, § 2, du Code civil, portant que le terme convenu et payé d'avance est acquis du jour où le paiement a dû en être fait (2).

De même si, au moment de son départ, il était dû à l'ouvrier des sommes pour indemnité journalière, elles devraient lui être payées avec le capital. Par contre, si l'indemnité journalière lui avait été payée après la date fixée pour le point de départ de la rente ou s'il avait reçu une provision, le montant des sommes

(1) Note sur la condition des contrats passés avec la Caisse nationale des retraites pour la vieillesse, par application de l'article 28 de la loi du 9 avril 1898 (*Journal officiel* du 9 août 1900, p. 5333).

(2) Toulouse, 20 janv. 1902, *Gazette du Palais*, 1902. 1. 732.

payées en excédent devrait être retenu sur le capital.

Si l'ouvrier étranger quitte la France avant la consolidation de sa blessure, il continue à avoir droit, quoique résidant à l'étranger, tant à l'indemnité journalière qu'aux frais médicaux et pharmaceutiques (*suprà*, p. 81), jusqu'à la guérison. Le montant du capital ne pourra être fixé et payé qu'après que l'état de cet ouvrier sera devenu définitif et que la rente à laquelle il a droit aura été déterminée.

La conversion peut être stipulée amiablement entre les parties ou par une décision judiciaire, si l'accord n'est pas possible. Dans les deux cas, la conversion doit être conforme aux prescriptions de la loi, sous peine de nullité absolue. La somme allouée ne peut donc, sous aucun prétexte, être ni supérieure ni inférieure à trois annuités de la rente viagère.

Le capital alloué à l'ouvrier étranger ou à ses ayants droit, a un caractère alimentaire et par suite est incessible et insaisissable. Il ne peut, dès lors, être compensé avec les sommes dont le bénéficiaire est débiteur, même avec les dépens de l'instance (1).

c) *Droit d'action en revision*. — Les ouvriers français même résidant à l'étranger, ne cessent pas de bénéficier du droit de demander la revision de l'indemnité prévue par l'article 19 de la loi de 1898.

Quant à l'ouvrier étranger, l'action en revision lui est ouverte tant que la rente viagère qui lui a été allouée n'a pas été remplacée par un capital, c'est-à-dire tant

_____
(1) Civ., 18 nov. 1908, *Gaz. des trib.*, 23-24 nov. 1908.

qu'il réside sur le territoire français. La loi ne contient, en effet, aucune distinction à cet égard ; au contraire, l'ouvrier étranger jouit des mêmes droits que l'ouvrier français, lorsqu'il conserve sa résidence en France. Les mêmes règles que si la victime était de nationalité française, sont applicables.

L'ouvrier étranger qui cesse de résider en France, sauf ce qui sera dit pour les ouvriers anglais, italiens, belges et luxembourgeois (*infrà*, p. 89), est déchu non seulement du droit à la pension viagère, mais encore du droit à l'action en revision. Le remplacement de la rente par un capital, est, avons-nous dit, définitif. L'ouvrier reçoit ce capital « pour toute indemnité » (art. 3, § C, 6e al.), c'est-à-dire que le patron est complètement libéré envers lui par ce paiement à forfait, et n'a plus à redouter aucune réclamation, pas même une demande de revision. Tout rapport légal est rompu entre eux par le rachat de la rente. Au reste, si cette question pouvait être discutée avant la loi du 31 mars 1905, elle ne semble plus douteuse aujourd'hui. C'est ainsi que, pour mettre fin à une controverse qui s'était élevée, le nouveau texte spécifie que la demande en revision est ouverte « même si la pension a été remplacée par un capital en conformité de l'article 21 ». Or, cet article concerne uniquement le rachat des rentes inférieures à 100 francs. On peut donc croire que si le législateur avait voulu autoriser la revision dans le cas de conversion de la rente de l'ouvrier étranger ayant cessé de résider en France, il l'aurait dit comme pour les rentes de moins de 100 francs. La principale, pour ne pas dire la seule objection qu'on fasse à notre opinion, c'est que l'ouvrier étranger serait obligé de rester en France pendant trois ans pour ne pas perdre son droit à la revision, et qu'il est inadmissible que le législateur ait voulu soumettre l'exercice d'un droit essentiel pour la victime à une condition aussi rigoureuse (1). Nous répondrons que c'est la loi du forfait, basée sur des concessions réciproques, qui le veut ainsi. Le droit de quitter le territoire français est, pour les étrangers, un droit naturel ; mais le législateur y a attaché, pour l'ouvrier étranger la déchéance de sa pension. Cet ouvrier est donc obligé de rester en France s'il ne veut pas perdre sa rente viagère. Rien de surprenant, dès lors, à ce qu'il en soit de même de l'exercice de l'action en revision. Le législateur qui a supprimé la rente sans souci de l'infirmité de la victime, de son âge, de ses charges de famille et des motifs qui la font rentrer dans son pays, a bien pu supprimer tout nouveau recours de l'ouvrier par la voie de la revision. C'est même logique de sa part puisqu'il a voulu rompre tout lien de droit entre le patron et cet ouvrier. Ce ne sont pas d'ailleurs les seuls exemples dans la loi du 9 avril 1898, d'une déchéance attachée à l'exercice d'un droit. C'est ainsi que le conjoint de la victime décédée ne peut pas se remarier sans perdre sa pension et la voir remplacée par un capital. La loi n'empêche pas pour cela le conjoint de convoler en secondes noces : elle le laisse libre ; mais, s'il se remarie, il encourt la déchéance. De même l'ouvrier étranger n'est pas contraint à résider

<hr>

(1) Cabouat, *op.* et *loc. cit.*

en France après l'accident; seulement s'il lui plaît de s'en aller, la loi le frappe d'une double déchéance par la perte du droit à la rente et à la revision de l'indemnité. Nous ne prétendons pas que ce régime soit l'idéal de l'équité; mais il nous semble résulter nettement de la loi (1).

L'action en revision serait également irrecevable si, après avoir quitté sa résidence en France, l'ouvrier étranger revenait s'y établir, puisque, par suite du rachat de sa pension, cet ouvrier est devenu un tiers au regard du patron qui s'est définitivement libéré envers lui.

La déchéance de l'action en revision de la victime, pour aggravation de l'infirmité, entraîne nécessairement celle de l'action du patron fondée sur une amélioration. Cette solution nous paraît imposée pour les mêmes motifs que pour la victime, c'est-à-dire par la libération définitive et complète du chef d'entreprise par le paiement du capital. Le droit à la revision serait d'ailleurs illusoire pour le patron, en raison des difficultés presque insurmontables qu'il éprouverait à obtenir le remboursement partiel ou total de la somme versée.

Toutefois la déchéance du droit à la revision n'atteindra pas les ouvriers anglais, italiens, belges et luxembourgeois qui, bien qu'ayant cessé de résider en France après l'accident, continuent à jouir de leur rente, en vertu des traités diplomatiques (V. chap. VIII). En effet, pour dénier le droit à l'action en revision aux ouvriers

(1) Req., 11 mai 1910, *Gazette des Tribunaux*, 16-19 mai 1910; Sachet, *op. cit.*, t. II, n° 1335 *ter*; Loubat, *op. cit.*, t. I, n° 1776. — *Contrà*, Cabouat, *Traité des accidents du travail*, t. II, n° 765; Raynaud, *op. cit.*, p. 87; Aufillain, *op. cit.*, p. 44.

étrangers dont la rente a été remplacée par un capital, nous nous sommes basé sur le texte de l'article 3, portant que les ouvriers qui cessent de résider sur le territoire français, reçoivent, *pour toute indemnité*, une somme de trois fois la rente. Or, les ouvriers anglais, italiens, belges et luxembourgeois, bien que n'ayant plus leur résidence en France, continuent à recevoir leur rente. Il ne saurait donc être question pour eux de déchéance du droit à la revision. D'autre part, les traités diplomatiques signés par la France avec la Grande-Bretagne, l'Italie, la Belgique et le Luxembourg, accordent aux nationaux de ces pays les mêmes indemnités qu'aux ouvriers français. Aux termes de l'article 1er de la convention franco-belge du 21 février 1906 « les sujets belges victimes d'accidents du travail en France, ainsi que leurs ayants droit, seront admis au bénéfice des indemnités et des garanties attribuées aux citoyens français par la législation en vigueur ». Le texte de la convention franco-luxembourgeoise du 15 avril 1905, celui de la convention franco-italienne du 9 juin 1906 et celui de la convention franco-anglaise, sont dans le même sens. Il en résulte que ces nations étrangères ont voulu assurer à leurs nationaux les mêmes indemnités que celles dont jouissent les ouvriers français. Or, cette égalité n'existerait pas si les ouvriers de ces nations n'avaient pas, comme les ouvriers français, le droit de faire augmenter leur pension en cas d'aggravation de leur état, et si le patron n'avait pas le droit correspondant de la faire diminuer, en cas d'atténuation. Le droit de revision en France pour les ouvriers italiens, et, en

Italie, pour les ouvriers français, est d'ailleurs expressément reconnu par les articles 6 et 7 du traité franco-italien, qui réglementent le versement du capital représentatif des rentes devenues définitives par l'expiration du délai de revision (Chap. VIII).

La procédure de l'action en revision sera expliquée au chapitre suivant (*infrà*, p. 111).

§ 3. — Indemnités dues aux représentants des ouvriers étrangers

La loi du 9 avril 1898 disposait, en un fâcheux laconisme, que les représentants de l'ouvrier étranger ne recevraient aucune indemnité si, au moment de l'accident, ils ne résidaient pas sur le territoire français. A défaut de distinction expresse, cette déchéance atteignait les ayants droit français aussi bien que les étrangers. D'autre part. le texte ne visait pas les ayants droit qui cessaient de résider en France, en sorte que la victime qui allait fixer son domicile à l'étranger après l'accident, voyait sa pension remplacée, pour toute indemnité, par un capital de trois annuités, tandis que les ayants droit qui se trouvaient dans le même cas, continuaient à recevoir leur rente à l'étranger. Ces lacunes furent comblées par la loi du 31 mars 1905 qui limita aux ayants droit étrangers ne résidant pas en France, la déchéance du droit à l'indemnité et ajouta que les ayants droit étrangers qui cessent de résider sur le sol français après l'accident, ne recevraient, comme la victime elle-même, en cas d'incapacité permanente, qu'un capital déterminé (art. 3, C, §§ 7 et 8).

Il résulte tout d'abord de ce nouveau texte que les ayants droit français d'ouvriers étrangers sont complètement et dans tous les cas, assimilés aux ayants droit d'ouvriers français. Seuls les ayants droit étrangers sont soumis à un régime d'exception.

Mais il s'agit uniquement des représentants d'ouvriers étrangers. Les ayants droit étrangers d'ouvriers français sont sur le même pied que les ayants droit français. Il est possible, par exemple, que les ascendants soient de nationalité étrangère alors que la victime était française. Dans ce cas, ces ayants droit bénéficient d'une assimilation complète et absolue avec les représentants français. Ils sont aux droits de la victime sans aucune restriction. Dès lors, soit qu'ils cessent de résider en France après l'accident, soit qu'ils n'y aient jamais résidé, la pension à laquelle ils ont droit est immuable.

Nous n'avons donc à nous occuper que des ayants droit étrangers de l'ouvrier étranger. Nous le ferons en suivant trois hypothèses : 1° celle où les ayants droit résident en France au moment de l'accident et continuent d'y résider après ; 2° celle où ils cessent d'y résider après l'accident ; 3° enfin celle où ils n'y résidaient pas au jour de l'accident.

a) *Ayants droit étrangers d'ouvriers étrangers, résidant en France au moment de l'accident et continuant d'y résider après.*— Pour la définition de la résidence dont il est ici question, nous renvoyons à ce que nous avons déjà dit (*suprà*, p. 69) relativement aux indemnitaires directs.

Ni la déclaration de résidence, ni l'autorisation à domicile, ne suffisent à elles seules pour que la condition de résidence soit remplie et que les ayants droit étrangers d'ouvriers étrangers soient assimilés aux ayants droit d'ouvriers français : une résidence réelle est nécessaire. Ce n'est pas le domicile légal qui est exigé, mais l'habitation (1). Enfin le travail habituel en France n'aurait aucun effet, si l'habitation des ayants cause était en pays étranger.

C'est « au moment de l'accident » que la résidence en France des ayants droit étrangers est nécessaire. Le texte est formel sur ce point. Il est donc indifférent que les ayants droit viennent s'établir sur le territoire français ultérieurement et qu'ils s'y trouvent à l'époque de la décision, s'ils n'y résidaient pas au jour de l'accident.

Les ayants cause étrangers d'ouvriers étrangers, qui continuent à résider en France après l'accident, ont les mêmes droits que les ayants cause d'ouvriers français.

b) *Ayants droit étrangers d'ouvriers étrangers cessant de résider en France après l'accident.* — Les droits de ces ayants cause sont déterminés par le septième alinéa du § C de l'article 3 :

« Il en sera de même (que pour les ouvriers étrangers) pour leurs ayants droit étrangers cessant de résider sur le territoire français, sans que, toutefois, le capital puisse alors dépasser la valeur actuelle de la rente d'après le tarif visé à l'article 28. »

(1) Trib. de Nice, 2 janv. 1901, D. P. 1904. 2. 92.

Les représentants étrangers de l'ouvrier étranger, comme cet ouvrier lui-même, lorsqu'ils cessent de résider en France après l'accident, perdent leur droit à la rente. Ils reçoivent, à titre d'indemnité définitive, un capital égal à trois annuités de la rente ; mais ce capital ne peut pas être supérieur à la valeur représentative de la rente au jour de la conversion, d'après le tarif spécial établi par la Caisse nationale, des retraites en vertu de l'article 28 de la loi du 9 avril 1898. Cette restriction a pour but d'empêcher une spéculation qui aurait consisté à faire allouer aux enfants le montant de trois annuités de leur pension au moment où leur droit va s'éteindre par l'accomplissement de leur seizième année. M. Mirman la justifiait, dans son rapport à la Chambre des députés, en ces termes : « Mais ici, une petite difficulté se présente lorsque l'ayant droit est un enfant ; l'indemnité qui, au lendemain de l'accident, lui a été attribuée, n'est pas une rente viagère, mais une rente qui doit cesser lorsqu'il aura seize ans accomplis, et l'on aperçoit aisément l'abus qui ne manquerait pas de se produire si l'on ne complétait pas de quelque façon le texte précédent : dès qu'un enfant, fils ou fille d'un ouvrier tué en France, verrait approcher cette date à laquelle cette rente lui va être retirée, il déclarerait vouloir cesser de résider en France, il réclamerait le capital fixé dans cet article de la loi à trois fois la rente elle-même, quitte à revenir en France le lendemain » (1).

---

(1) Rapport de M. Mirman à la Chambre des députés, p. 341.

Ainsi qu'on le voit, la disposition restrictive de notre texte, était dirigée contre les enfants ; mais, par sa généralité, elle atteint tous les ayants cause, c'est-à-dire même ceux dont le droit est viager. Dès lors, le capital dû au conjoint et aux ascendants, pourra aussi se trouver diminué, s'il dépasse la valeur représentative de la rente au jour de la conversion.

La somme due aux ayants droit qui cessent de résider en France, est donc de trois annuités de la rente, sauf réduction si elle dépasse le prix de la rente calculé d'après le tarif de la Caisse nationale des retraites pour la vieillesse.

Bien que les rentes et pensions allouées aux ouvriers étrangers ou à leurs représentants résidant en France, aient toujours un caractère provisoire puisqu'elles peuvent cesser d'être payées si les titulaires viennent à transporter leur résidence en pays étranger, le calcul du capital représentatif se fait comme pour les rentes définitives, sans tenir compte de cette éventualité. « Dans l'état actuel de la statistique, dit une note publiée par la Caisse nationale des retraites (1), ces probabilités (de changement de résidence notamment) ne sont pas susceptibles d'être déterminées d'une manière assez précise pour entrer dans l'évaluation du prix des rentes provisoires. Or, les tarifs établis par la Caisse nationale des retraites, ne tiennent compte que des deux tables C. R. et C. R. I., et du taux d'intérêt de 3,50 0/0 par an, ou plus exactement 0.875 0/0 par trimestre. Ils ne sont donc rigoureusement applicables

(1) Note du 9 août 1900, précitée.

qu'à la constitution des rentes définitives. Pour les rentes provisoires, il a semblé seulement possible, pour le moment, d'évaluer d'abord ces rentes comme si elles étaient définitives, sauf à modifier les contrats primitifs... en cas de transfert de résidence à l'étranger ».

La cessation de résidence qui entraîne le remplacement de la rente des ayants droit par un capital, est la même que pour la victime elle-même. Il faut que l'abandon de la résidence en France soit définitif, sans esprit de retour et non transitoire.

Si, après avoir abandonné leur résidence sur le sol français, les ayants droit revenaient s'y fixer, leur droit à la rente ne revivrait pas plus que celui de la victime (*suprà*, p. 73). Le rachat de leur pension est irrévocable.

c) *Ayants droit étrangers d'ouvriers étrangers ne résidant pas en France au moment de l'accident.* — Envers ces représentants, le législateur s'est montré d'une dureté excessive. C'est d'eux que parlait M. Ricard à la Chambre des députés, lorsqu'il faisait entrevoir qu'il se présenterait des étrangers se disant faussement la femme ou les enfants de la victime (*suprà*, p. 65). Ils n'ont droit à aucune indemnité : « Les représentants étrangers d'un ouvrier étranger ne recevront aucune indemnité si, au moment de l'accident, ils ne résidaient pas sur le territoire français » (art. 3, *C*, § 8). La résidence à l'étranger entraîne pour ces ayants cause une déchéance absolue. Or, ni l'admission à domicile, ni la déclaration de résidence, ni le domicile légal, ne peuvent suppléer au défaut de résidence effective ; ainsi un enfant mineur n'a droit à aucune indemnité s'il réside à l'étranger, bien qu'il ait son domicile légal chez ses parents résidant en France (1). De même l'omission de la déclaration n'implique pas le défaut de résidence.

Il suffit que les ayants cause n'aient pas leur résidence en France au moment de l'accident, pour qu'ils soient déchus *ipso facto* de tout droit. Il est donc sans intérêt qu'ils viennent résider plus tard sur le sol français, et qu'ils y soient établis au jour de la décision : la déchéance qui les frappe est irrévocable, et l'on ne peut que déplorer la rigueur de la loi envers eux.

Bien que le texte porte que les représentants étrangers « ne recevront aucune indemnité » si, au moment de l'accident, ils ne résidaient pas sur le territoire français, il faut cependant admettre qu'ils sont fondés à réclamer l'indemnité journalière qui peut être due à la victime pour le temps de maladie ayant précédé la mort. En effet, cette indemnité est due à la victime elle-même et c'est, en vertu du droit commun et comme héritiers, que les ayants droit sont fondés à la réclamer si elle n'a pas été payée.

Si partie des ayants droit étrangers résident en France et partie à l'étranger, le calcul des indemnités se fera d'après le nombre total des ayants droits, et l'on attribuera ensuite leur quotité personnelle à ceux-là seuls qui résident en France. Si, par exemple, le conjoint réside en France et les enfants à l'étranger, le

______

(1) Trib. de Nice, 2 janv. 1901, précité.

premier recevra la pension qui lui revient, tandis que les seconds n'auront droit à rien (1). Il en sera de même si partie des enfants résidaient en France et partie à l'étranger. Supposons que la victime a laissé quatre enfants dont deux habitant avec elle et deux autres à l'étranger. Si tous ces enfants avaient résidé sur le sol français au moment de l'accident, ils auraient eu droit à une pension égale à 60 0/0 du salaire de leur père, soit 15 0/0 pour chacun d'eux. C'est cette quote-part de 15 0/0 qui sera seule attribuée aux deux enfants habitant en France (2). La cour de Chambéry n'en a pas jugé ainsi. Elle a décidé qu'il n'y avait pas à faire état des enfants résidant à l'étranger et que les pensions devraient être calculées comme si ces enfants n'existaient pas. « Cette disposition (art. 3, B, § 1er), dit-elle, d'après son sens le plus naturel et le seul logique, vise exclusivement les enfants ayant un droit personnel quelconque au bénéfice de la loi, c'est-à-dire ceux résidant en France à l'époque de l'accident (3). Il est vrai que ce texte vise seulement les enfants de moins de seize ans, c'est-à-dire ceux qui sont appelés à recevoir une indemnité, et que, dans le calcul de la pension afférente à ces indemnitaires, on ne doit pas faire état des enfants âgés de plus de seize ans. Mais on ne saurait en inférer qu'il doit en être de même des enfants âgés de

(1) Trib. de Narbonne, 8 nov. 1900, S. 1901. 2. 178, D. P. 1901. 2. 92.

(2) Sachet, *op. cit.*, t. I, n° 215; Loubat, *op. cit.*, t. I, n° 963. — *Contra* Chambéry, 13 août 1902, D. P. 1905. 2. 22. Raynaud, *op. cit.*, p. 67; Auvillain, *op. cit.*, p. 91.

(3) Chambéry, 13 août 1902, précité.

moins de seize ans, qui n'ont pas un droit personnel et, par exemple, de ceux qui habitent à l'étranger. Le texte s'oppose, au contraire, à cette interprétation, en disposant que la pension doit être calculée d'après le nombre d'enfants âgés de moins de seize ans. Telle est la règle contenue dans le premier alinéa du paragraphe B : 15 0/0 s'il n'y a qu'un enfant mineur de seize ans, 25 0/0 s'il y en a deux, 35 0/0 s'il y en a trois et 40 0/0 s'il y en a quatre ou un plus grand nombre. Ce mode de calcul est général et absolu ; il ne comporte aucune exception. Les enfants résidant à l'étranger doivent donc être compris dans le calcul du taux de l'indemnité ; mais la quote-part à laquelle ils auraient eu droit, s'ils avaient habité en France, doit être réservée.

La question s'est posée devant les tribunaux de savoir si les ayants droit étrangers résidant hors de France au moment de l'accident, pourraient du moins se prévaloir du droit commun et demander la réparation du préjudice à eux causé par la mort de la victime, en invoquant la faute du chef d'entreprise. La jurisprudence s'est prononcée, avec beaucoup de raison, pour la négative. Les représentants de la victime ne sauraient avoir plus de droits que la victime elle-même. Or, celle-ci ne peut, dans aucun cas, se prévaloir du droit commun contre son patron. Il est vrai que l'article 2 de la loi de 1898 qui le défend, ne mentionne expressément que les ouvriers et employés et non leurs représentants ; mais ce silence n'est qu'apparent : « Les ouvriers et employés désignés à l'article précédent », y est-il dit. Or, l'article 1er porte : « Les accidents survenus par le fait du travail ou à l'occasion du travail aux ouvriers et employés occupés... donnent droit au profit de la victime *ou de ses représentants* à une indemnité ». Il s'agit donc, à l'article 2, non seulement de la victime elle-même, mais encore de ses représentants. Cet article a pour objet de supprimer tout recours de la victime à la responsabilité fondée sur l'article 1382, du Code civil. Le législateur n'a donc pas voulu supprimer ce recours pour les uns et non pour les autres. Si telle eût été son intention, il l'aurait exprimée. A défaut d'exception expresse, l'article 2 est absolu. Il interdit aux victimes d'accidents de se prévaloir d'autres dispositions légales, et les ayants cause n'ont pas et ne peuvent pas avoir plus de droits que leurs auteurs.

En adoptant un régime forfaitaire qui nivelle toutes les responsabilités et tous les droits, le législateur a voulu substituer à la responsabilité illimitée du patron, en cas de faute de sa part, une responsabilité transactionnelle, évaluée d'avance et facile à couvrir par une assurance. Dès lors, aurait-il manqué de logique au point de laisser survivre l'action de l'article 1382 à côté de celle de la loi de 1898 pour les ayants droit, alors qu'il la supprimait pour la victime? Car, si le bénéfice du droit commun était reconnu aux représentants étrangers de l'ouvrier étranger, il faudrait logiquement l'accorder aussi aux représentants d'ouvriers français, qui n'ont droit à aucune indemnité : enfants âgés de plus de 16 ans, ascendants et descendants qui n'étaient pas à la charge de la victime. Il n'y aurait, en effet, aucune raison de placer les premiers dans le droit commun et non les seconds. Alors on pourrait voir dans la même instance, comme le fait remarquer l'arrêt du 16 mars 1901 de la cour de Paris, les enfants mineurs de 16 ans ne recevant que l'indemnité forfaitaire fondée sur la loi de 1898, et les enfants majeurs de 16 ans obtenant, en vertu de l'article 1382, la réparation intégrale du préjudice causé par la faute du patron. Ce résultat est inadmissible (1).

On oppose à notre thèse que la loi de 1898 a conservé, dans l'article 7, l'application de l'article 1382 envers les tiers et a bien pu la maintenir aussi aux ayants droit. Sans doute, elle l'aurait pu, mais alors elle l'aurait dit, comme elle l'a fait pour les tiers.

Les premières décisions de la jurisprudence sur cette question provoquèrent de vives protestations à l'étranger et notamment en Belgique. Quelque temps après le jugement du tribunal de la Seine du 7 novembre 1900, confirmé par la cour de Paris, par arrêt du 16 mars 1901, le *Journal des tribunaux* de Bruxelles, publiait un article critiquant en termes véhéments la loi du

(1) Rouen, 28 févr. 1900, *Gaz. Pal.* 1900. 1. 486 ; Dijon, 9 mai 1900, *op. cit.* 1900. 2. 201 ; trib. de Chambéry, 3 févr. 1901, *Journ. du dr. int. priv.*, 1901, p. 511 : trib. de Valenciennes, *Journ. du dr. int. priv.*, 1902, p. 310 : Paris, 16 mars 1901, S. et P. 1902. 2. 140. D. P. 1901. 2. 92, *Pand. franç.* 1902. 2. 323 ; Besançon, 18 déc. 1901, *Gaz. Pal.* 1902. 1. 291 ; C. sup. de Luxembourg, 4 juill. 1902, D. P. 1904. 2. 78 ; req., 16 nov. 1903, S. et P. 1907. 1. 27, D. P. 1901. 1. 132 ; civ., 1er août 1905, *Gaz. Pal.* 1905. 2. 387 : req., 16 janv. 1906, *Gaz. des trib.*, 19 janv. 1906. — Sachet, *op. cit.*, t. I, n° 214 ; Loubat, *op. cit.*, t. I n° 984 : Auvillain, *op. cit.*, p. 98 : Surville, *op. et loc. cit.*, p 140 : Raynaud, *op. cit.*, p. 81 : Serre, *op. cit.*, p 984 : Samie, *op. cit.*, p. 122. V. Weiss, *Traité théor. et prat. de dr. int. priv.*, 2e éd, t. II. p. 163, note 3.

9 avril 1898. « Comme toute loi, y lisait-on, discutée par un Parlement, doit porter sa tare originelle d'erreur, de sottise ou de cruauté, on a apporté à celle-ci des dispositions restrictives qui lui donnent, lorsqu'il s'agit d'étrangers, le caractère de l'iniquité la plus flagrante... C'est le droit antique, l'étranger hors la loi : *hostis inimicus* ; il est l'ennemi ; *adversus hostem æterna auctoritas* : pas de pitié pour lui ». Et l'auteur exhortait le législateur belge, qui préparait la loi sur les accidents du 21 décembre 1903, à répondre à la France par des mesures de rétorsion (1).

Après l'arrêt de la cour de Paris du 16 mars 1901, la question fut portée devant le Parlement belge. Un sénateur, M. Sam Wienner, interpella le Gouvernement sur les mesures qu'il comptait prendre pour parer aux conséquences de la législation française refusant toute réparation aux ayants droit résidant en Belgique, d'ouvriers belges tués dans un accident en France. Il apprécia durement notre loi et n'hésita pas à l'appeler « inique, barbare et contraire au droit des gens » (2). Le Parlement belge resta sourd à ces excitations et, loin de répondre par des représailles, usa de magnanimité en assimilant complètement les ouvriers étrangers aux ouvriers belges.

L'ouvrier étranger ne pourrait pas, dans le contrat passé avec son patron, réserver à ses représentants le bénéfice du droit commun. Du moment que la responsabilité patronale des accidents du travail basée sur la

(1) *Journ. de dr. int. priv.*, 1901, p. 115.
(2) *Journ. de dr. int. priv.*, 1901, p. 403.

faute, a été remplacée par la responsabilité légale et forfaitaire, une pareille clause serait en contradiction avec la nouvelle législation. Or, toute convention contraire aux dispositions de la loi du 9 avril 1898 est nulle de plein droit (art. 30). La clause dont nous parlons (le *contracting-out* des Anglais) tomberait donc sous le coup de cette nullité (1). Mais il en serait autrement devant les tribunaux étrangers où elle pourrait être utilement invoquée (2).

(1) Auvillain, *op. cit.*, p 114; Raynaud, *op. cit.*, p. 95.
(2) Voir circulaire du 18 juin 1899, de M. Cooreman, ministre de l'Industrie et du Travail belge, « Revue du travail », *Office du travail belge*. juin 1899, p. 667.

CHAPITRE V

PROCÉDURE EN CAS D'ACCIDENTS ARRIVÉS A DES OUVRIERS FRANÇAIS A L'ÉTRANGER ET A DES OUVRIERS ÉTRANGERS EN FRANCE.

Nous tracerons ici les règles de la procédure a suivre pour obtenir soit l'indemnité, en cas d'accident arrivé à des ouvriers français à l'étranger et à des ouvriers étrangers en France, soit le remplacement de la rente par un capital, soit la revision.

§ 1er. — Procédure à fin d'indemnité

La loi du 9 avril 1898 modifiée par celle du 31 mars 1905, ne contient relativement à la procédure dans les cas d'accident qui nous occupent, d'autres dispositions que celles du sixième alinéa de l'article 15, ainsi conçu :

« Lorsque l'accident s'est produit en territoire étranger, le juge de paix compétent, dans les termes de l'article 12 et du présent article, est celui du canton où est situé l'établissement ou le dépôt auquel est attachée la victime. »

L'article 12 prescrit au maire, dans les 24 heures

qui suivent le dépôt du certificat médical et au plus tard dans les cinq jours de la déclaration de l'accident, l'envoi au juge de paix du canton où l'accident s'est produit, de la déclaration et du certificat médical ou de l'attestation qu'il n'a pas été produit de certificat. Lorsque, d'après le certificat médical, la blessure paraît devoir entraîner la mort ou une incapacité permanente, ou que la victime est décédée, le juge de paix doit procéder à une enquête dans les **24** heures, à l'effet de rechercher notamment la cause, la nature, les circonstances de l'accident, les ayants droit et l'assureur.

L'article 13 porte que le juge de paix juge en dernier ressort, quel que soit le chiffre de la demande, les contestations relatives à l'indemnité journalière, aux frais de maladie et aux frais funéraires.

Il ressort de ces textes que, dans le cas d'accident arrivé à l'étranger, l'enquête prescrite par l'article **12**, doit être faite par le juge de paix du canton où est situé l'établissement ou le dépôt auquel est attachée la victime, et que ce juge de paix est compétent pour statuer sur l'indemnité journalière, les frais de maladie et les frais funéraires. Mais ils ne disent pas si, où, quand et comment la déclaration de l'accident devra être faite, ni par quelle voie le juge de paix sera averti de l'accident. Rien non plus sur la compétence du président et du tribunal pour statuer, en cas de décès ou d'incapacité permanente.

Dans le silence du texte, la déclaration, en cas d'accident arrivé à l'étranger à un ouvrier détaché d'un éta-

blissement ou d'un dépôt situés en France, pourra être
faite, par analogie avec les règles prescrites pour l'enquête, à la mairie de l'établissement ou du dépôt auquel
la victime est attachée (1) ou bien encore au consulat
français du lieu de l'accident. Mais en l'absence de toute
disposition légale sur ce point, le défaut de déclaration
ne saurait motiver les sanctions pénales prévues par
l'article 11 (2). C'est dans ce sens que s'est prononcé le
Comité consultatif des assurances contre les accidents
du travail par son avis du 7 mars 1900 (3). Tel paraît
être aussi le sentiment de la cour de Rennes dont l'arrêt
du 22 décembre 1902 (4) porte que « les diverses formalités édictées ne sont pas d'ordre public ».

Le dépôt du certificat médical n'est pas plus obligatoire que la déclaration. Même lorsque la déclaration
sera faite à la mairie du lieu du siège social, on ne saurait exiger la production du certificat médical, qui sera,
dans bien des cas impossible.

La déclaration, lorsqu'elle aura été faite, sera trans-
mise, avec le certificat médical, s'il a été produit, par le
maire ou le consul au juge de paix compétent pour faire
l'enquête.

Ce juge de paix est, aux termes du sixième alinéa de
l'article 15, celui du canton où est situé l'établissement
ou le dépôt auquel est attachée la victime. L'établissement est l'usine, le chantier, la succursale ou la mai-

____

(1) Sachet, *op. cit.*, t. I, n° 951 ; Loubat, *op. cit.*, t. I, n° 1105.

(2) Sachet, *op. et loc. cit.* Loubat, *op. et loc. cit.*, Albert Wahl, note
précitée, p. 219.

(3) *Journal officiel* du 5 avril 1910.

(4) Rennes, 22 déc. 1905, précité.

son principale de l'entreprise, dont la victime a été détachée à l'étranger. Le *dépôt* concerne principalement les employés des chemins de fer et des wagons-lits, qui pénètrent en pays étranger dans le cours de leurs voyages. Ces employés ont, en France, un point d'attache dans une gare ou un dépôt de machines. C'est le juge de paix de l'établissement ou du dépôt dont la victime est détachée, qui doit procéder à l'enquête (v. *suprà*, p. 19).

Aux termes de l'article 1 des conventions franco-belge et franco-luxembourgeoise, et 3 de la convention franco-anglaise, les autorités des pays contractants doivent se prêter mutuellement leurs bons offices en vue de faciliter de part et d'autre l'exécution des lois relatives aux accidents du travail. Le juge de paix chargé de procéder à l'enquête peut donc envoyer des commissions rogatoires aux magistrats belges luxembourgeois et anglais. Il a la même faculté pour les autres États, même pour l'Allemagne (V. Chap. VIII).

La convention signée à La Haye le 17 juillet 1905 entre tous les États d'Europe, sauf l'Angleterre, et rendue exécutoire en France par décret du 30 avril 1909 (1), porte que les commissions rogatoires à exécuter à l'étranger doivent être envoyées directement par les procureurs de la République au consul de France dans la circonscription duquel siège l'autorité judiciaire requise de l'exécution. Les parquets doivent exiger que les commissions rogatoires et les documents qui les

____

(1) *Journal officiel* du 2 mai 1909.

accompagnent soient traduits dans la langue du pays requis ou tout au moins que les parties prennent l'engagement de payer les frais de la traduction qui sera effectuée par un traducteur du pays requis. Toutefois n'ont pas à être traduites les commissions rogatoires à exécuter en Belgique, dans le Grand-Duché de Luxembourg et dans la Suisse française (1). Les juges de paix doivent donc envoyer leurs commissions rogatoires à l'étranger par l'intermédiaire du procureur de la République qui les transmet directement au consul de France. Quant aux frais de traduction, ils doivent être avancés par le Trésor.

Le juge de paix compétent pour procéder à l'enquête, le sera aussi pour statuer sur l'indemnité journalière, les frais médicaux, pharmaceutiques et funéraires. Cela ressort du texte même du 6ᵉ alinéa de l'article 15, portant que le juge de paix est compétent « dans les termes de l'article 12 et du présent article ». Or, l'article 15 concerne ces contestations.

Le président du tribunal compétent pour la conciliation, est, lorsque l'accident est arrivé en France, celui de l'arrondissement du lieu de l'accident, de même que le juge de paix du canton de ce lieu est chargé de procéder à l'enquête. La loi du 31 mars 1905 ayant établi la compétence *ratione loci* pour les accidents arrivés à l'étranger, d'après le lieu du dépôt ou de l'établissement en France, non seulement c'est le juge de paix de l'un de ces endroits qui est compétent pour faire l'enquête

(1) Circ. du Garde des sceaux du 10 février 1910, *Bulletin officiel*, 1910, p. 17.

et connaître de l'indemnité journalière, des frais médicaux et funéraires, mais c'est aussi le président du tribunal de l'arrondissement de ce même lieu et le tribunal lui-même qui sont compétents soit pou. procéder à la conciliation, soit pour statuer sur la demande de rente.

En ce qui concerne les ouvriers étrangers blessés en France, la procédure est la même que pour les ouvriers français. Il en est ainsi alors même que ces ouvriers sont occupés dans une entreprise ayant son siège à l'étranger et ont le droit, en vertu des conventions diplomatiques, de se prévaloir de la législation de leur pays. Pour ces ouvriers, la déclaration de l'accident est obligatoire, comme pour les ouvriers français (1), et l'enquête aussi.

Si la victime est de nationalité italienne, le juge de paix doit, aux termes de la convention du 9 juin 1906, donner immédiatement avis de la clôture de l'enquête à l'autorité consulaire du ressort dans lequel la victime avait sa résidence au jour de l'accident. Le consul a la faculté de prendre communication de l'enquête dans l'intérêt des ayants droit (V. Chap. VIII). Il en est de même des ouvriers belges (2).

L'ouvrier étranger et ses représentants, bénéficient de plein droit de l'assistance judiciaire comme l'ouvrier français et ses ayants cause. En effet, du moment que l'ouvrier étranger est, en principe, assimilé à l'ouvrier français et que l'article 22 de la loi du 9 avril 1898

(1) Trib. pol. de Luzarches, 5 janv. 1906, *Rev. de dr. int. priv.*, 1906, p. 705.

(2) Note publiée au *Journal officiel* du 12 avril 1910.

admet à l'assistance judiciaire de plein droit la victime de l'accident ou ses représentants, sans aucune distinction, cette disposition s'applique aussi bien aux ouvriers étrangers qu'aux ouvriers français.

L'ouvrier étranger nous paraît devoir être dispensé de fournir la caution *judicatum solvi* (1). Il s'agit, en effet, d'une instance d'ordre public, s'engageant d'office, à laquelle la victime n'a pas le droit de renoncer, et qui ne peut, dès lors, pas être subordonnée à la production d'une caution. D'ailleurs, la convention de La Haye du 17 juillet 1905 a dispensé de cette obligation les nationaux des pays contractants, c'est-à-dire de tous les États européens, sauf l'Angleterre.

§ 2. — Substitution du capital à la rente

Lorsque le remplacement de la rente par le capital de trois annuités a lieu judiciairement, faute d'accord entre les parties, il est ordonné par le tribunal qui a alloué la rente.

L'affaire est jugée en audience publique et non en chambre du conseil. Aux termes de l'article 9, la chambre du conseil est, il est vrai, compétente pour statuer sur la demande de paiement en capital du quart de la rente et sur la constitution d'une rente réversible pour moitié sur la tête du conjoint; mais cette disposition ne peut pas être étendue à d'autres cas. Elle se justifie d'ailleurs par la nécessité d'entrer dans l'examen de la vie privée de la victime, de ses habitudes et des garan-

---

(1) *Contra*, Raynaud, *op. cit.*, p. 38; Auvillain, *op. cit.*, p. 39.

ties morales qu'elle présente. Il n'en est pas de même en cas de cessation de résidence, le fait à apprécier étant purement matériel.

Le tribunal doit donc être saisi par voie de citation et le ministère des avoués est obligatoire. La victime bénéficie d'ailleurs de plein droit de l'assistance judiciaire.

Comme en toute matière, les dépens sont à la charge de la partie qui succombe. Si c'est la victime qui est condamnée à les supporter, ils ne pourront pas être prélevés sur le capital qui est insaisissable (*suprà*, p. 86) (1).

Aucun délai n'est imposé à la demande de conversion pour cause de cessation de résidence en France. La conversion doit toujours être prononcée dès que la victime cesse de résider sur le territoire français.

§ 3. — Procédure à fin de revision de l'indemnité

a) *Législations étrangères*

Presque toutes les législations européennes admettent que l'allocation de l'indemnité ne saurait être irrévocable et qu'il est nécessaire d'autoriser tant le patron, en cas d'amélioration de l'état de la victime, que la victime elle-même, en cas d'aggravation, à en demander la revision.

La loi allemande du 30 juin 1900 (art. 88 à 92) permet de modifier le montant de l'indemnité, si les élé-

(1) Comp. Douai, 7 déc. 1903, *Gaz. Pal.* 1904. 1. 201

ments qui ont servi à le déterminer, ont subi un changement essentiel. Le délai est de deux années à partir du jour où la décision a acquis l'autorité de la chose jugée. Passé ce délai, de nouvelles revisions sont encore permises, mais seulement à des intervalles d'un an au moins, sauf stipulation d'un intervalle plus court. En cas de décès, le délai pour la demande de revision est de deux années à partir du décès.

La législation autrichienne admet aussi une nouvelle détermination de l'indemnité, à raison soit d'un changement grave dans l'état du blessé, soit du décès. Dans ce dernier cas, le délai n'est que d'une année à partir du jour de la mort (loi du **28 décembre 1887**, art. 39).

La loi hongroise du **6 avril 1907** autorise également la modification de l'indemnité, lorsqu'il se produit un changement dans le degré de l'incapacité de travail (§ 94) ou en cas de mort (§ 71).

La loi anglaise autorise la revision de l'indemnité hebdomadaire ; mais, après le délai de six mois, le patron peut se libérer par le paiement d'une somme globale (loi du **6 août 1897**, annexe 1, art. 12 et 13).

En Italie, la loi du **29 juin 1903** donne à la victime et au patron la faculté de faire reviser l'indemnité, en cas d'erreur manifeste ou de modifications dans l'état de santé de la victime. Dans ce cas, le délai est de deux ans, à partir du jour de l'accident. En cas de décès, le délai est le même, mais la demande doit, sous peine de déchéance, être faite dans les deux mois à dater du décès survenu dans les deux premières années après l'accident (art. 7).

L'article 30 de la loi belge du 24 décembre 1903 porte que la demande en revision des indemnités fondée sur une aggravation ou une atténuation de l'infirmité de la victime ou sur son décès par suite des conséquences de l'accident, est ouverte pendant trois ans à dater de l'accord intervenu entre les parties ou du jugement définitif

La loi luxembourgeoise du 5 avril 1902 est presque semblable.

En Russie, la faculté de faire reviser l'indemnité est accordée aux parties pendant un délai de trois ans à compter du jour où la pension a été allouée ou refusée (loi du 2 janvier 1903, art. 15).

En Suède, le délai est de deux ans à compter du jugement ou de la convention (loi du 24 avril 1901, § 16).

La loi norvégienne du 23 juillet 1891 est analogue (art. 21).

La loi hollandaise du 2 janvier 1901 (art. 70) admet aussi la revision de l'indemnité lorsqu'on vient à connaître des faits qui, connus plus tôt, auraient exercé une influence sur la détermination de l'indemnité, ou bien lorsque l'état du blessé a subi un changement.

Les lois danoise (15 mai 1903, art. 16), finlandaise (5 déc. 1895, art. 23), grecque (21 février 1901, art. 35) autorisent aussi les modifications de l'indemnité.

La loi espagnole seule n'a pas prévu la revision de l'indemnité.

La loi française (art. 19 modifié par la loi du 31 mars 1903), comme la plupart des lois étrangères, admet la revision de l'indemnité, soit pour cause d'amélioration dans l'état du blessé, sur la demande du chef d'entreprise, soit pour cause d'aggravation ou de décès sur la demande de la victime elle-même ou de ses ayants droit.

Les ouvriers étrangers qui résident en France, ont le droit de demander la revision de l'indemnité et sont soumis à la demande de revision du chef d'entreprise, comme les ouvriers français. Ils sont déchus de ce droit et n'ont plus à craindre l'action en revision du patron lorsqu'ils cessent de résider sur le territoire français, le paiement de trois annuités de la rente libérant complètement les parties de tout lien de droit entre elles. Mais il en est autrement pour les ouvriers étrangers qui, en vertu de traités diplomatiques, continuent à bénéficier des pensions b' n qu'ayant cessé de résider en France. Ces ouvriers étant mis sur le même pied que les ouvriers français jouissent du droit à la revision, de même que le chef d'entreprise l'a contre eux, comme s'ils résidaient en France. Actuellement des traités de ce genre n'existent que pour les ouvriers anglais, italiens, belges et luxembourgeois. Mais ces traités ne contiennent aucune disposition relative à la procédure à suivre dans l'action en revision pour les ouvriers ou leurs représentants résidant à l'étranger. Il s'agit donc de rechercher comment pourra être employée la procédure prévue par la loi de 1898.

b) *Procédure de l'action en revision*

La procédure de l'action en revision est analogue à celle de l'action à fin d'indemnité. Elle s'ouvre par un essai de conciliation devant le président du tribunal et se continue automatiquement jusqu'à la décision. Le président et le tribunal compétents sont, comme pour la rente, ceux de l'arrondissement où l'accident a eu lieu, et, en cas d'accident arrivé à l'étranger, ceux de l'arrondissement où se trouve l'établissement ou le dépôt auxquels la victime était attachée (art. 19, § 2, et art. 16). Le même président et le même tribunal sont toujours compétents si la victime ou ses représentants résident à l'étranger, même sur l'action en revision exercée par le chef d'entreprise, les dispositions de la loi sur ce point ne comportant aucune exception.

Le délai de l'action en revision est de trois ans de la date à laquelle cesse d'être due l'indemnité journalière, s'il n'y a pas eu attribution de rente, ou, dans le cas contraire, de l'accord ou de la décision passée en force de chose jugée (art. 19, § 1er).

Le président du tribunal est saisi de la demande de revision par une simple déclaration au greffe. Cette déclaration pouvant être faite par mandataire, l'ouvrier étranger résidant à l'étranger, a le droit de charger quelqu'un de la faire à sa place.

Le président convoque les parties, c'est-à-dire la victime ou ses ayants droit et le chef d'entreprise. Cette convocation doit être adressée à la victime et au patron alors même qu'ils résident en pays étranger. Elle doit être faite par lettre recommandée (1).

Si l'une des parties ne se présente pas, il est procédé

----

(1) Loubat, op. cit., t. I, n° 1198.

comme en cas de désaccord : l'affaire est renvoyée devant le tribunal. La victime qui réside à l'étranger, peut donc ne pas se présenter sans encourir aucune déchéance.

Le président a le droit de commettre un expert ; mais si la victime réside à l'étranger, il devra le faire commettre par commission rogatoire. Il ne semble pas, en effet, qu'il puisse donner lui-même un mandat judiciaire à l'étranger.

En cas d'accord, le président en donne acte par une ordonnance ; mais l'accord n'est valable que s'il est conforme à la loi et s'il spécifie le degré d'aggravation ou d'atténuation de l'infirmité.

En cas de désaccord, l'affaire est renvoyée devant le tribunal. La victime est représentée par l'avoué qui lui est désigné d'office comme pourvue de l'assistance judiciaire (*infrà*, p. 118). Sa présence effective n'est donc pas nécessaire.

Comment constatera-t-on l'aggravation ou l'atténuation de l'état de la victime de nationalité italienne, belge, luxembourgeoise ou anglaise, qui aura cessé de résider en France ? Si l'ouvrier est demandeur, il doit faire la preuve de l'aggravation de son infirmité. Cela n'implique toutefois pas qu'il soit obligé de rentrer en France, car il tient des traités le droit de rester à l'étranger en continuant à jouir des mêmes droits que s'il résidait en France. D'ailleurs, le retour en France est impossible, en cas de décès de la victime, et lorsque son état ne lui permet pas de se déplacer. Il sera donc nécessaire de procéder ici aussi par voie de commission rogatoire et de demander au tribunal étranger compétent d'ordonner l'expertise.

En vue de l'exercice de l'action en revision, le patron a le droit de désigner au président du tribunal un médecin chargé de le renseigner sur l'état de la victime. Cette désignation, visée par le président du tribunal, donne au médecin, une fois par trimestre, accès auprès de la victime. Faute par celle-ci de se prêter à cette visite, le paiement des arrérages est suspendu par ordonnance du président (art. 19, §§ 5 et 6). La victime de nationalité anglaise, italienne, belge ou luxembourgeoise, qui a cessé de résider en France, doit-elle venir se soumettre à cette visite, sous peine d'encourir la suspension du paiement des arrérages? Admettre l'affirmative aurait pour effet d'obliger l'ouvrier à rentrer en France contrairement au droit qu'il tient des traités. Cette solution est donc inacceptable. Dès lors, le patron devra-t-il désigner au président du tribunal un médecin français qui sera chargé de se rendre auprès de la victime à l'étranger ? Non, car cette désignation serait sans valeur en pays étranger, le pouvoir des magistrats expirant à la frontière. C'est encore ici par commission rogatoire qu'il y aura lieu de demander à l'autorité judiciaire compétente du pays où la victime aura sa résidence, de désigner un médecin. Si la victime refusait de se prêter à la visite trimestrielle de ce médecin, le président du tribunal français, sur la justification qui lui en serait faite, suspendrait le service de la pension.

Ce refus de la victime pourrait aussi motiver la revision *de plano* sur la demande du patron, car on serait autorisé à conclure de l'abstention de l'ouvrier, qu'il est guéri ou décédé ou qu'il dissimule son existence pour qu'on ne puisse pas constater l'atténuation ou la guérison de son infirmité, se réservant de reparaître pour réclamer sa pension, une fois le délai de revision expiré. C'est ce qu'a décidé un jugement du tribunal de la Seine du 23 décembre 1905 pour un ouvrier belge, qui, depuis l'allocation de sa pension et pendant près de trois ans, n'avait pas donné signe de vie, même pour réclamer ses arrérages (1). Enfin, si la victime refusait de se soumettre à l'expertise, la revision pourrait être basée sur ce motif.

Les ouvriers de nationalité anglaise, italienne, belge, ou luxembourgeoise, résidant à l'étranger, ou leurs ayants droit, bénéficient de l'assistance judiciaire de plein droit pour exercer l'action en revision et sont dispensés de la caution *judicatum solvi*, de même que pour l'action en indemnité (*suprà*, p. 110), comme s'ils résidaient sur le territoire français.

Les mêmes questions se posent s'il s'agit d'un ouvrier français résidant en pays étranger. Cet ouvrier sera-t-il obligé de rentrer en France pour se soumettre à la visite trimestrielle du médecin désigné ? Oui, puisque l'article 19 prononce la suspension du paiement des arrérages contre la victime qui ne se prête pas à cette visite. S'il en était autrement, la victime pourrait paralyser le droit du patron à l'exercice de l'action en revision, en

____

(1) Trib. Seine, 23 déc. 1905, *Moniteur judiciaire de Lyon*, 4 juin 1910.

se réfugiant en pays étranger pour échapper à toute surveillance. Il est vrai que nous venons de reconnaître aux ouvriers anglais, italiens, belges et luxembourgeois le droit de se soustraire à l'obligation de venir se soumettre en France à la visite trimestrielle du médecin ; mais ce droit nous paraît résulter pour eux des traités diplomatiques.

CHAPITRE VI

CONFLIT DES LOIS SUR LES ACCIDENTS DU TRAVAIL

Il y a conflit des lois lorsque les tribunaux ont à se prononcer sur l'applicabilité de la loi nationale ou d'une loi étrangère. Par exemple, un ouvrier français employé momentanément à l'étranger, dans une entreprise française, est victime d'un accident ; il peut se prévaloir de la loi française devant les tribunaux français. Mais, s'il porte sa demande devant un tribunal du pays où a eu lieu l'accident, la loi française ne sera pas obligatoire pour ce tribunal ; dès lors, la question se posera de savoir si on doit appliquer la loi nationale ou la loi française. La même difficulté se présentera si un tribunal français est saisi d'une demande de rente à raison d'un accident arrivé, à l'étranger, dans une entreprise étrangère. Le conflit des lois doit donc être envisagé devant les tribunaux français et devant les tribunaux étrangers.

§ Ier. — Conflit des lois devant les tribunaux français

Le conflit peut se présenter devant les tribunaux français dans deux hypothèses :

1° Lorsqu'une entreprise française est citée en France à raison d'un accident survenu à l'étranger ;

2° Lorsqu'une entreprise étrangère est citée en France à raison d'un accident arrivé en France ou à l'étranger.

I. *Chef d'entreprise française cité en France à raison d'un accident arrivé en pays étranger.* — Pour les entreprises ayant leur siège en France, le conflit des lois ne peut se produire, en France, qu'à raison d'un accident arrivé en pays étranger. Dans ce cas, il faut faire une distinction suivant que la victime était occupée à l'étranger à titre temporaire ou à titre permanent.

a) *Ouvrier d'entreprise française détaché à titre temporaire en pays étranger.* — La loi française, avons-nous dit (*supra*, p. 50), bénéficie aux ouvriers détachés provisoirement à l'étranger d'un établissement ou d'un dépôt situés en France (art. 15, § 6). La victime ne saurait donc, dans ce cas, se prévaloir de la loi du pays où l'accident est arrivé. Les juges français doivent appliquer la loi française. Il s'agit, en effet, d'un ouvrier qui ne s'est rendu à l'étranger que provisoirement, pour obéir à son patron et travailler dans une exploitation formant une prolongation à l'étranger de l'entreprise française. La loi française le suit à l'étranger. En présence d'un texte formel de la loi française visant l'accident arrivé à cet ouvrier, un tribunal français violerait la loi en appliquant une loi étrangère.

Cette règle a été consacrée par les conventions franco-belge du 21 février 1906, franco-luxembourgeoise du 27 juin de la même année et franco-anglaise du 3 juillet 1909, stipulant que la loi du siège de l'entreprise reste applicable aux personnes détachées à titre temporaire et occupées depuis moins de six mois sur le territoire de l'État où l'accident est survenu, mais faisant partie d'une entreprise établie sur le territoire de l'autre État contractant.

b) *Ouvrier occupé à titre permanent à l'étranger.* — Dans le cas où l'accident est survenu dans une exploitation permanente en pays étranger d'une entreprise ayant son siège en France, la loi française n'est certainement pas applicable. Le législateur français n'a pas pu songer, en effet, à étendre son empire sur des exploitations établies d'une manière fixe en pays étranger par des établissements français. Ainsi, une société française exploite un chemin de fer à l'étranger : il est évident qu'elle est régie par la loi du pays où elle fonctionne. C'est donc la loi du pays où l'accident est arrivé qui devra être appliquée à l'ouvrier occupé dans cette entreprise.

Alors s'élève la question de savoir si les tribunaux français saisis d'une demande d'indemnité à raison d'un accident arrivé dans ces entreprises, pourront appliquer la loi étrangère ou bien s'ils ne seront pas liés par la loi française. Il est de principe, avons-nous dit (*suprà*, p. 30), que les lois d'ordre public international sont seules obligatoires pour les faits qui se sont passés à l'étranger. Quant aux lois d'ordre public national ou interne, elles ne sont obligatoires que pour les faits qui se sont accomplis en France (1). Par suite, l'ordre

(1) Weiss, *Traité élémentaire de dr. int. priv.*, 2ᵉ éd., p. 648 ; Pillet, *Principes de dr. int. priv.*, nᵒ 211, note 2, p. 444 et nᵒ 243 ; Ch. Lyon-Caen, note sous cass., 29 mai 1894, S. 94. 1. 481 ; Beauchet, note sous

public international seul exclut l'application de la loi étrangère qui serait applicable d'après les règles du droit international privé. Or, la loi du 9 avril 1898 est d'ordre public national (*supra*, p. 31) ; elle n'empêche donc pas les tribunaux français d'appliquer une loi étrangère aux accidents arrivés à l'étranger (1).

Toutefois les tribunaux français ne pourraient pas appliquer une loi étrangère qui serait elle-même contraire à l'ordre public international en France (2). C'est ainsi que la cour d'Aix a décidé que les tribunaux français doivent tenir pour non avenue une législation ou une jurisprudence étrangères refusant aux étrangers domiciliés ou résidant hors du pays, tout droit à une indemnité en cas de décès résultant d'un abordage. L'inapplicabilité d'une pareille règle par les tribunaux français, dit la cour, « ne serait point douteuse car elle serait en opposition flagrante avec les principes les plus élémentaires et les plus certains de notre droit national public et devrait être déclarée contraire non seulement à nos lois, mais encore aux règles intimes de la conscience universelle, c'est-à-dire aux bonnes mœurs (3). Ainsi nous considérerions c omme telles les dispositions

trib. de l'Empire d'Allemagne, 7 oct. 1884, S. 1886 2. 13 : Naquet, note sous Aix 19 déc. 1892. S. 1893 2. 202. V. aussi notre note sous trib. de Lyon, 26 déc. 1907, D. P. 1909. 2 129.

(1) V. c. sup. de justice de Luxembourg, 4 juill. 1902, S. et P. 1907. 4. 21, D. P. 1904. 2. 78 ; c. de Zurich, 5 nov. 1904, *Rec. de dr. int. priv. et de dr. pen. int.*, 1905. p. 381 ; c. de Liége (2 arrêts) 21 juin 1905, S. et P. 1907. 4. 21, D. P. 1907. 2. 286.

(2) Weiss, *op. cit.*, t. VI, p. 86 ; Despagnet, *op. cit..* n° 110, p. 118 et s. ; Surville et Arthuys, *op. cit.*, p. 38.

(3) Aix, 23 janv. 1899, *Journ. de dr. int. priv.*, 1901, p. 104.

refusant toute indemnité aux représentants de la victime, qui ne résident pas dans le pays au jour de l'accident. De pareilles dispositions méconnaissent un droit naturel qui veut que toute personne subissant un dommage ait le droit d'en demander réparation, et doivent être regardées comme blessant la conscience universelle.

Il devrait en être ainsi alors même que la loi française contient des dispositions analogues. La loi française est, en effet, obligatoire dans toutes ses dispositions, pour les tribunaux français, sans qu'ils aient à se préoccuper de savoir si elles sont contraires à l'ordre public international. Mais il n'en est pas de même des lois étrangères : les tribunaux français ont le droit d'en refuser l'application lorsqu'elles sont de nature à porter atteinte au droit public international (1).

Dans ce cas, il faut se demander quelle loi devront appliquer les juges français. Supposons un ouvrier français victime d'un accident mortel dans le grand-duché de Luxembourg. Les parents résidant en France, actionnent le chef d'entreprise étranger devant un tribunal français en vertu de l'article 14. C. civ. L'application de la loi luxembourgeoise résulte rationnellement du droit international. Or, cette loi, comme la loi française, exclut de toute indemnité les ayants droit ne résidant pas en France. Les juges français devront déclarer cette disposition contraire à l'ordre public international et se refuser à l'appliquer. Dès lors, quelle loi

(1) Albert Wahl, note sous c. sup. de Luxembourg, 1 juill. 1902, précité.

devront-ils suivre ? La loi française ? Elle est pareille et refuse toute réparation aux ayants droit non résidents en France. Nous pensons que, dans cette hypothèse, les tribunaux français devront appliquer le droit commun luxembourgeois.

Les dispositions légales qui subordonnent le droit des représentants de la victime à la condition qu'ils aient été à la charge du défunt, ne nous semblent pas contraires au droit public international. Elles ne sont qu'une application du principe que l'action en indemnité doit être fondée sur un préjudice.

Que faudrait-il décider si la loi du pays de l'accident n'admettait pas la responsabilité forfaitaire? Supposons, par exemple, qu'un ouvrier suisse cite en France un chef d'entreprise français à raison d'un accident dont il a été victime en Suisse où le risque professionnel n'existe pas. Les juges français seraient mal venus à décider que la responsabilité légale du patron est essentielle à l'ordre public international, la loi de 1898 étant seulement d'ordre public national, ainsi que nous l'avons démontré (*suprà*, p. 31). Ce serait donc la loi suisse qui devrait être appliquée par le tribunal français.

II. *Chef d'entreprise étrangère cité en France à raison d'un accident arrivé en France ou en pays étranger.* — Si une entreprise étrangère est citée devant un tribunal français, il faudra distinguer suivant qu'il s'agit d'un accident arrivé en France ou à l'étranger.

a) *Accident arrivé en France.* — Si l'accident est arrivé en France, la loi française est certainement applicable attendu qu'elle embrasse toutes les entreprises existant sur le territoire français sans exception, quel que soit le pays où elles ont leur siège.

Si la victime était occupée temporairement en France par une entreprise étrangère, il y aura lieu de faire trois distinctions :

1° La victime est attachée à une entreprise ayant son siège dans un pays avec lequel existe un traité diplomatique garantissant aux ouvriers occupés temporairement en France l'application de leur loi nationale. Dans ce cas, la loi étrangère est obligatoire pour les tribunaux français et il y aurait matière à pourvoi en cassation, en cas de refus ou d'application inexacte (1).

2° Il n'existe pas de traité diplomatique entre la France et le pays où l'entreprise a son siège, comme l'Allemagne, l'Autriche-Hongrie ou la Hollande ; mais la loi de ce pays embrasse les accidents arrivés aux nationaux occupés temporairement à l'étranger. Dans ce cas, il est certain que la loi étrangère ne s'impose pas aux tribunaux français. La loi française est applicable.

3° Ni la loi étrangère ni des conventions diplomatiques ne stipulent le bénéfice au profit de l'ouvrier occupé temporairement en France, de la loi de son pays. Dans cette hypothèse, c'est encore la loi française qui doit être observée.

b) *Accident arrivé en pays étranger*. — Si l'accident est arrivé en pays étranger, ce sera la loi de ce pays

____

(1) Cass., 18 juillet 1876, D. P. 76, 1. 97. — Despagnet et de Boeck, *Précis de droit international privé*, 5ᵉ édit., n° 20, p. 69.

qui devra être appliquée par les tribunaux français. Il s'agit ici, en effet, d'une entreprise étrangère fonctionnant à l'étranger et échappant absolument à la loi française. C'est, comme nous le verrons plus loin (*infrà*, p. 133 et s.), dans ce sens que se sont prononcés les tribunaux étrangers qui ont eu à statuer sur des accidents arrivés en France. Ainsi, la cour de Zurich a appliqué la loi française à un ouvrier français occupé en France dans une entreprise suisse (1). La cour de Liége a aussi appliqué la loi française à un ouvrier belge travaillant en France pour un patron allemand (2). Par un autre arrêt, la même cour a appliqué la loi luxembourgeoise à un ouvrier belge blessé dans une entreprise luxembourgeoise dans le grand-duché (3). Enfin la cour supérieure de justice de Luxembourg a déclaré la loi française applicable à un ouvrier luxembourgeois blessé en France dans une entreprise ayant son siège dans le grand-duché (4).

Les tribunaux français devront appliquer la loi étrangère même dans le cas où la victime était occupée temporairement à l'étranger dans une entreprise étrangère. Il ne s'agit pas ici d'un ouvrier détaché d'une entreprise française à l'étranger, bénéficiant de la loi française (art 15, § 6), mais d'un ouvrier employé dans une entreprise étrangère en pays étranger, régie nécessairement par la loi locale. Ainsi, il est possible qu'un ouvrier

(1) C. de Zurich, 5 nov. 1904, précité.
(2) Liége, 21 juin 1905 (2ᵉ espèce), précité.
(3) Liége, 21 juin 1905 (1ʳᵉ espèce), S. 1907. 4. 22, D. P. 1907. 2. 286.
(4) C. sup. de just. de Luxembourg, 4 juill. 1902, précité.

français soit embauché pour aller travailler momentanément dans une entreprise étrangère en pays étranger. Cet ouvrier ne pourra pas se prévaloir de la loi française qui vise exclusivement les ouvriers détachés à l'étranger d'un établissement ou d'un dépôt situés en France ; il bénéficiera seulement de la loi étrangère.

Il en serait ainsi même si l'accident avait eu lieu en Belgique ou dans le grand-duché de Luxembourg, les conventions diplomatiques passées avec ces pays ne dérogeant à la territorialité des lois sur les accidents qu'en faveur des ouvriers détachés dans ces pays par des entreprises ayant leur siège en France, ce qui n'est pas le cas.

En résumé, les tribunaux français doivent toujours appliquer la loi du pays où l'accident s'est produit, en cas d'accident arrivé à l'étranger dans une entreprise étrangère. Il n'en pourrait être autrement et la loi française ne devrait l'emporter que s'il s'agissait d'un ouvrier détaché provisoirement à l'étranger par un établissement situé en France.

§ 2. — Conflit des lois devant les tribunaux étrangers

Les lois des divers pays peuvent se trouver en conflit devant les tribunaux étrangers dans les deux cas suivants :

1° Lorsqu'un chef d'entreprise étranger est cité devant un tribunal de son pays à raison d'un accident arrivé dans un autre pays (en France ou dans tout autre pays étranger) ;

2° Lorsqu'un chef d'entreprise (français ou autre) est cité hors de son pays, à raison d'un accident arrivé dans le pays du tribunal ou dans un autre pays étranger.

Examinons séparément ces deux hypothèses :

1. *Chef d'entreprise étranger cité devant un tribunal de son pays à raison d'un accident arrivé en France ou dans tout autre pays étranger.* — Occupons-nous tout d'abord du cas où l'accident est survenu en France. La loi du pays où l'accident a eu lieu étant, en principe, applicable, suivant les règles que nous avons déjà exposées, c'est la loi française qui doit être observée par les tribunaux étrangers appelés à statuer, comme par les tribunaux français. C'est ainsi que la cour de Zurich a appliqué la loi française à un ouvrier français occupé par une entreprise suisse à un travail exécuté en France (1).

Si la victime était détachée temporairement en France, la loi française devrait être appliquée aussi.

Au contraire, la loi du pays où est le siège de l'entreprise l'emporterait, si elle s'étendait, comme la loi française, aux accidents occasionnés par les travaux temporaires en pays étranger des entreprises nationales, ou bien si des traités internationaux avaient stipulé cette extension. Ainsi la loi allemande frappe les annexes en pays étrangers des entreprises allemandes. « Sans doute, dit une décision de l'Office impérial des assurances du 19 novembre 1901, l'assurance d'une

(1) C. de Zurich, 5 nov. 1905, précité.

industrie n'est pas en toutes circonstances limitée dans ses effets, au territoire sur lequel cette industrie s'exerce principalement : l'assurance garantit aussi les annexes de cette industrie qui déploient leur activité sur un territoire étranger. Il n'en est toutefois ainsi qu'autant que les travaux à entreprendre à l'étranger ne sont pas d'une importance ou d'une durée telles qu'ils apparaissent, non plus comme une extension de l'industrie nationale, mais comme une industrie indépendante » (1). En conséquence, si un ouvrier allemand est victime en France d'un accident arrivé dans une annexe d'une entreprise allemande, le tribunal allemand appliquera sa loi nationale.

La loi hongroise suit aussi les ouvriers de nationalité hongroise détachés des entreprises nationales dans un travail temporaire en pays étranger (loi du 6 avril 1907, § 4, *suprà*, p. 17). Les tribunaux hongrois devront donc appliquer la loi de leur pays aux ouvriers nationaux employés passagèrement en France.

D'autre part, les conventions franco-belge du 21 février 1906, franco-luxembourgeoise du 27 juin 1906 et franco-anglaise du 3 juillet 1909 maintiennent dans les liens de la loi du siège de l'entreprise les personnes détachées à titre temporaire et occupées depuis moins de six mois dans le pays où l'accident est arrivé. Les tribunaux belges, luxembourgeois et anglais appelés à statuer sur une demande d'indemnité à raison d'un accident arrivé à un ouvrier

(1) Office impérial allemand des assurances 1º nov. 1904. *Rev. de dr. int. priv.*, 1906, p. 719.

de cette catégorie détaché en France, devront donc appliquer leur loi nationale.

La règle sera la même lorsqu'il s'agira d'accidents arrivés dans un pays étranger autre que la France : la loi du pays où l'accident s'est produit sera obligatoire. La cour suprême du Michigan s'est prononcée dans ce sens (affaire Turner c. Saint-Clair Tunnel Company), au sujet d'un ouvrier travaillant pour le compte d'un entrepreneur américain à la construction d'un tunnel entre les Etats-Unis et le Canada, et blessé sur le territoire canadien (1).

Ici encore, comme pour les accidents arrivés en France, si l'accident s'est produit au cours d'un travail temporaire, ce ne sera plus la loi du pays de l'accident qui devra être appliquée mais la loi nationale du tribunal et du chef d'entreprise, si elle s'étend aux ouvriers occupés temporairement en pays étranger comme la loi allemande ou la loi hongroise, ou si des traités leur garantissent le bénéfice de la loi de leur pays comme les conventions belgo-luxembourgeoise (*infrà.* p. 211), germano-luxembourgeoise (*infrà*, p. 217) et germano-hollandaise (*infrà*, p. 223).

II. *Chef d'entreprise cité hors de son pays, sauf en France, à raison d'un accident arrivé dans le pays du tribunal saisi de la demande d'indemnité ou dans un autre pays étranger.*

Si l'accident est arrivé dans le pays du tribunal, la loi nationale doit être observée. Ainsi un tribunal belge

(1) C. de Michigan, *American Law Review*, t. XXXI, p. 625.

est saisi d'une demande de rente à la suite d'un accident arrivé en Belgique dans une entreprise française ; la loi belge sera appliquée, comme loi du pays où l'accident est arrivé. C'est dans ce sens que s'est prononcée la cour de Gênes par un arrêt du 30 septembre 1898, à propos d'un accident arrivé en Italie à un ouvrier italien employé dans une entreprise allemande. La cour a repoussé à bon droit l'application de la loi allemande et statué d'après la loi nationale. « L'obligation, dit cet arrêt, dont le demandeur réclame l'exécution, qu'elle dérive du contrat de louage d'ouvrage ou d'un délit ou d'un quasi-délit, a, dans tous les cas, son fondement dans un fait qui s'est passé à Gênes, et par conséquent doit être réglée par la loi italienne » (1).

Si la victime était occupée à titre temporaire, il faudrait faire les distinctions suivantes :

1° Une convention diplomatique assure aux ouvriers occupés à titre temporaire dans le pays du tribunal, le bénéfice de leur loi nationale. Ainsi un chef d'entreprise française est cité en Angleterre à raison d'un accident arrivé à un ouvrier français travaillant temporairement sur le territoire anglais. Les juges anglais devront appliquer la loi française, de même que les juges français appliqueraient la loi anglaise dans l'hypothèse inverse :

2° S'il n'existe pas de convention diplomatique ou si

(1) Gênes, 30 sept. 1898, S. 1901. 4. 4 et la note de M. Wahl. Cet arrêt concerne un accident antérieur à la loi italienne du 17 mars 1898 sur les accidents du travail. Il n'en doit pas moins être retenu comme se rattachant au principe de l'application de la loi du pays où l'accident a eu lieu.

elle ne vise pas ce cas, comme l'arrangement franco-italien, la règle de la territorialité de la loi reprend son empire. Les tribunaux italiens, par exemple, se prononceront d'après la loi du pays de l'accident, c'est-à-dire d'après leur loi nationale.

3° Si la loi nationale ne s'applique pas aux ouvriers étrangers détachés provisoirement dans le pays, comme la loi allemande (*supra*, p. 10), le tribunal ne pourra pas appliquer sa loi nationale ; il appliquera la loi du pays où est le siège de l'entreprise.

4° Si ni la loi ni les traités ne dérogent à la territorialité pour les ouvriers occupés temporairement à l'étranger, la loi du pays où l'accident a eu lieu est applicable, comme s'il s'agissait d'un accident arrivé à un ouvrier occupé à titre permanent.

Si l'accident a eu lieu dans un pays autre que celui du tribunal, c'est la loi de ce pays qui sera appliquée. Supposons, par exemple, qu'un tribunal belge soit saisi d'une demande d'indemnité à raison d'un accident arrivé dans le grand-duché de Luxembourg, dans une entreprise luxembourgeoise ; c'est la loi grand-ducale qui devra être appliquée. La cour de Liège s'est prononcée dans ce sens par un arrêt du 21 juin 1905 (Reiss c. Société du Prince Henri) (1). Elle a décidé que la loi du 5 avril 1902 édictant l'assurance obligatoire des ouvriers contre les accidents n'était en opposition ni avec les articles 1382 et suivants, C. civ., encore en vigueur en Belgique à cette époque, ni avec la loi du

____

(1) Liège, 21 juin 1905 (1re espèce), précité.

21 décembre 1903 consacrant le régime de la responsabilité forfaitaire, non encore entrée en application. Cet arrêt décide même que la disposition de l'article 18 de la loi grand-ducale qui refuse toute pension aux parents ne résidant pas dans le grand-duché, à moins d'une dispense du gouvernement, n'est pas contraire à l'ordre public en Belgique où la loi du **21 décembre 1903** ne contient aucune disposition analogue.

Dans une autre affaire jugée le même jour, la cour de Liège (Vve Schrobitjen c. Thiry et Soc. Lothringer Berg Bau-Verein) (1), la victime était de nationalité belge, le patron allemand et l'accident était arrivé en France. La cour a déclaré la loi française applicable même dans ses dispositions qui refusent toute indemnité aux représentants de l'ouvrier étranger ne résidant pas sur le territoire français au moment de l'accident. « Attendu, à la vérité, dit l'arrêt, que notre loi sur la réparation des dommages ne contient pas de disposition analogue à l'article 3 de la loi française qui refuse toute indemnité aux représentants d'un ouvrier étranger si, au moment de l'accident, ils ne résident pas sur le territoire français ; mais que, si cette disposition de la loi française est peu conforme aux principes du droit naturel, il ne faut pas en conclure qu'elle soit contraire à l'ordre public belge ; que le principe de l'égalité entre nationaux et étrangers quant à la jouissance des droits civils, n'est pas d'ordre public ; qu'en Belgique, ce principe n'est même pas consacré comme règle absolue par la Constitution et le Code civil ».

(1) Liège, 21 juin 1905 (2e espèce), précité.

La cour supérieure de justice du grand-duché de Luxembourg a statué par un arrêt du 4 juillet 1902 (Société des aciéries de Micheville c. époux Bemtgen) (1), au sujet d'un accident mortel arrivé en France, dans une entreprise française, à un ouvrier luxembourgeois. Les parents de la victime qui demandaient la réparation du préjudice à eux causé par la mort de leur enfant ont été déboutés comme par l'arrêt précédent de la cour de Liège, par application de la loi française. En première instance, le tribunal de Luxembourg avait admis la demande, mais en se basant sur les articles 1382 et suivants du Code civil luxembourgeois et en repoussant expressément l'applicabilité de la loi du 9 avril 1898. « Attendu, disait le tribunal, qu'il est de la jurisprudence que la responsabilité dérivant d'un fait délictueux est régie par la loi du pays où ce fait a été commis, et que cette loi doit être appliquée par les tribunaux d'autres pays devant lesquels l'action est portée ; mais attendu qu'il est non moins certain que cette règle souffre exception pour le cas où l'on demande à un tribunal d'appliquer une loi étrangère contraire à une disposition d'ordre public, à un principe de morale en vigueur dans son propre pays ; attendu que tel est le cas dans l'espèce ; qu'en disposant que les représentants d'un ouvrier étranger qui, au moment de l'accident, ne résidaient pas sur le territoire français, ne peuvent réclamer aucune indemnité en vertu de la loi du 9 avril 1898, et notamment en leur refusant le droit

(1) C. sup. de justice de Luxembourg, 4 juill. 1902, précité.

de s'appuyer sur les termes du droit commun (C. civ., 1382) pour réclamer les réparations du préjudice que leur cause la mort de leur parent, alors même qu'ils établiraient que l'accident est dû à la faute du patron, la loi française se trouve en opposition flagrante avec les principes les plus élémentaires et les plus certains de notre droit national, et doit être déclarée contraire, non seulement à nos lois mais aux règles intimes de la conscience universelle, c'est-à-dire aux bonnes mœurs ».

La cour de Luxembourg réforma cette décision et admit l'application de la loi française. « Attendu, dit-elle, que le premier juge s'est refusé à faire application de cette disposition parce qu'il la considère comme contraire à l'ordre public international; que cependant la législation positive sur les droits des étrangers en matière de réparation d'accidents de travail est absolument divergente dans différents États; que si, au jour où le premier juge a rendu sa décision, la loi luxembourgeoise ne faisait aucune distinction entre l'étranger et le Luxembourgeois, il n'en est plus de même aujourd'hui; que l'article 12 de la loi du 5 avril 1902 sur l'assurance obligatoire des ouvriers contre les accidents, dispose bien que la nouvelle législation est applicable à l'étranger, mais qu'il ajoute que cet avantage peut être retiré par voie de rétorsion; que la législation nationale prévoyant qu'éventuellement l'ouvrier étranger peut être traité autrement que l'ouvrier indigène, le juge luxembourgeois ne saurait méconnaître les dispositions exceptionnelles que les législations étrangères ont consacrées de leur côté ».

La cour de cassation de Naples n'a pas admis les mêmes règles dans une affaire concernant un accident arrivé dans le port de New-York, à bord d'un navire battant pavillon austro-hongrois, à un ouvrier italien embauché en Italie (1). Elle a appliqué, dans ce cas, la loi italienne en se fondant sur ce que le contrat entre la victime de nationalité italienne et l'armateur étranger ayant été passé à Naples, la loi du lieu du contrat devait être observée. Cette décision nous paraît critiquable. Toutefois ce n'était pas la loi du pays où l'accident est arrivé qui était obligatoire ici, le droit international maritime ayant des règles spéciales qui devaient l'emporter. Les navires sont considérés en effet comme territoire du pays auquel ils appartiennent et restent, au cours de leur voyage, sous la domination de la loi de leur pavillon, c'est-à-dire de leur loi nationale (2). C'est donc la loi hongroise qui aurait dû être appliquée ici, le bâtiment étant inscrit au port de Trieste. En supposant que, conformément à un système qui a de nombreux partisans (3), la cour ait voulu appliquer la *lex fori*, elle aurait dû retenir la loi italienne à ce titre et non comme *lex contractus*.

Toutefois les tribunaux étrangers, pas plus que les tribunaux français, ne devraient appliquer la loi d'un autre pays si elle était contraire à l'ordre public inter-

(1) C. cass. de Naples, 21 mars 1908, S. et P. 1909. 1. 27.
(2) Lyon-Caen et Renault, *Traité de droit commercial*, 3e éd., t. V, n° 61, p. 48; Desjardins, *Traité de droit commercial maritime*, t. II, n° 282; de Valroger, *Droit maritime*, t. I, n° 278.
(3) Asser et Rivière, *Éléments de droit international privé*, n° 113.

national (v. *suprà*, p. 122). Cependant les cours de Liège et de Luxembourg n'ont pas hésité à appliquer à leurs nationaux les dispositions de la loi française, qui excluent de tout droit à l'indemnité les représentants de la victime, ne résidant pas en France au moment de l'accident. Mais, si on peut louer l'empressement mis par ces cours à donner la préférence à notre loi, il semble impossible d'approuver les motifs qui les ont décidées. Elles s'appuient sur ce fait que l'égalité entre nationaux et étrangers, quant à la jouissance des droits civils, n'est pas d'ordre public, et qu'en Belgique, ce principe n'est pas consacré par la Constitution et le Code civil. Mais s'il est légitime qu'une nation ne place pas les étrangers au même rang que ses sujets pour la jouissance des droits civils, il ne l'est pas qu'elle leur refuse, d'une manière absolue, tous les droits civils. Il peut être dangereux d'accorder aux étrangers l'exercice de certains droits, mais c'est un abus de souveraineté de leur refuser ceux qui font partie du droit naturel. Que dirait-on d'une nation qui refuserait aux étrangers le droit de contracter mariage ? Le législateur pourrait le faire assurément ; mais une pareille loi révolterait la conscience universelle et il serait paradoxal de demander à un tribunal étranger d'annuler le mariage de ses nationaux contracté dans le pays où existerait une législation aussi despotique (1).

Et il importe peu qu'une législation analogue existe dans le pays du tribunal. Ainsi, la loi du 5 avril 1902

______

(1) Albert Wahl, note sous c. de Luxembourg, 4 juillet 1902, précité.

du grand-duché de Luxembourg (art. 48) refuse, comme la loi française, toute indemnité aux parents ne résidant pas dans le grand-duché, à moins d'une dispense du Gouvernement. Le législateur qui édicte de telles lois a pour but de favoriser la prospérité de son pays en poussant les étrangers à venir y habiter pour jouir de certains droits. Mais cela n'autorise pas les tribunaux de ce pays à user eux-mêmes de rétorsion envers leurs nationaux en leur appliquant une loi étrangère analogue. En le faisant ils iraient à l'encontre des intentions du législateur puisque la protection qu'il a voulu accorder à ses nationaux occasionnerait des représailles contre eux, même de la part des tribunaux du pays (1).

En somme, dans le conflit des lois devant les tribunaux étrangers comme devant les tribunaux français, c'est toujours, sauf l'ordre public international, la loi du pays où l'accident est arrivé, qui doit être appliquée, à moins qu'il ne s'agisse d'accidents survenus à des ouvriers employés dans des travaux maintenus sous l'empire de la loi du siège de l'entreprise par un texte législatif ou diplomatique. Si c'est par un traité, il n'y aura pas à craindre de cumul d'indemnité, parce que si la victime exerce ultérieurement une seconde action en indemnité dans le pays où l'accident s'est produit, les tribunaux de ce pays devront eux aussi appliquer la loi du pays du siège de l'entreprise. Si c'est au contraire, la loi seule de ce pays (siège de l'entreprise),

(1) Albert Wahl, *loc. cit.*

qui vise les accidents arrivés dans des travaux temporaires à l'étranger, cette loi n'étant pas obligatoire à l'étranger, ne sera pas observée par les tribunaux des pays où l'accident a eu lieu ; ils appliqueront leur loi nationale et alloueront une seconde indemnité. C'est de ce cumul que nous allons nous occuper maintenant.

§ 3. — Cumul du bénéfice de deux législations

Il peut arriver que la victime d'un accident du travail ayant obtenu une indemnité dans le pays où l'accident a eu lieu ou dans celui du siège de l'entreprise, exerce une seconde action en France pour réclamer le bénéfice de la loi du 9 avril 1898 et l'obtienne ou *vice versâ*. Or, les jugements rendus par les tribunaux étrangers ne jouissent pas, en principe et par eux-mêmes, de l'autorité de la chose jugée (1). Mais ils peuvent, dans certains cas, être mis à exécution en France.

La loi française contient à cet égard une double disposition : 1° L'article 546 du Code de procédure civile porte que « les jugements rendus par les tribunaux étrangers.... ne seront susceptibles d'exécution en France, que de la manière et dans les cas prévus par les articles 2123 et 2128 du Code civil » ; 2° L'article 2123, § 1, dispose que « l'hypothèque ne peut pareillement résulter des jugements rendus en pays étranger

(1) Aubry et Rau, *op. cit.*, 4e édit., t. VIII, § 769 *ter*, p. 143.

qu'autant qu'ils ont été déclarés exécutoires par un tribunal français, sans préjudice des dispositions contraires qui peuvent être dans les lois politiques ou dans les traités ». La force exécutoire doit donc être donnée en France aux jugements étrangers par un tribunal français, à moins qu'une loi ou un traité diplomatique ne les en dispense.

Il n'existe en France aucune loi politique ayant pour objet de dispenser de *l'exequatur* la mise à exécution des sentences étrangères. Mais, en général, les traités diplomatiques subordonnent *l'exequatur* aux quatre conditions suivantes : 1° que le jugement étranger soit régulier en la forme ; 2° qu'il émane de juges compétents d'après la *lex fori* ; 3° que, d'après la même loi, il ait l'autorité de la chose jugée dans le pays où il a été rendu ; 4° qu'il ne méconnaisse aucun principe d'ordre public international dans le pays où il est invoqué.

Dans ces conditions, le jugement étranger allouant une indemnité, pourra-t-il être opposé devant un tribunal français? Ce jugement sera-t-il exécutoire en France si un jugement rendu par les tribunaux français alloue une seconde indemnité, et, par suite, la victime touchera-t-elle une double indemnité contrairement à ce principe de droit naturel qui s'oppose à ce qu'un dommage donne lieu à une double réparation? Nous examinerons ce conflit de décisions successivement devant les tribunaux français et devant les tribunaux étrangers.

I. — *Demande formée devant un tribunal français après décision d'un tribunal étranger*

Lorsque la victime d'un accident exerce une action en indemnité devant un tribunal français après avoir déjà obtenu une réparation d'un tribunal étranger, il faut distinguer le cas d'accident arrivé en France, de celui d'accident arrivé en pays étranger.

a) *Accident arrivé en France.* — Dans ce cas, si c'est la loi française qui a été appliquée par le tribunal étranger, le tribunal français devra rejeter la nouvelle demande portée devant lui. La victime a, en effet, épuisé son droit en obtenant le bénéfice de la loi de 1898, c'est-à-dire tout ce à quoi elle pouvait prétendre ; elle ne peut donc que se pourvoir de l'*exequatur* pour faire mettre à exécution en France la sentence étrangère : l'exécution d'un pareil jugement ne peut d'ailleurs soulever aucune objection. Il n'en serait autrement que s'il s'agissait d'un ouvrier détaché en France dans un travail temporaire par une maison de Belgique, du grand-duché de Luxembourg ou d'Angleterre. Dans cette hypothèse, le tribunal étranger aurait eu tort de statuer d'après la loi française, puisqu'aux termes des traités, c'était la loi du pays où est le siège de l'entreprise qui devait régir l'accident. Dans ces conditions, si un tribunal français venait à être ensuite saisi d'une demande d'indemnité, il se trouverait dans l'obligation d'appliquer la loi du siège de l'entreprise. Nous verrons, en effet, que le bénéfice des traités internationaux est obligatoire et non facultatif (*infra*, p. 171).

Si la loi nationale avait été appliquée alors que la loi française aurait dû l'être (sauf le cas d'accident dans un travail temporaire), le tribunal français saisi d'une nouvelle demande, ne saurait s'arrêter à une telle décision qui viole les principes du droit international en soumettant à une loi étrangère un accident arrivé en France ; il devrait décider que ce jugement n'étant pas susceptible d'exécution en France comme contraire à l'ordre public, n'est pas opposable en France et qu'il y a lieu d'appliquer la loi française.

Il en serait ainsi alors même que le jugement émanerait d'un tribunal belge, le traité du 8 juillet 1899 ne conférant l'autorité de la chose jugée aux jugements belges en France et réciproquement, qu'à la condition qu'ils ne contiennent rien de contraire à l'ordre public ou aux principes du droit public, ce qui ne serait pas le cas.

En cas d'accident arrivé dans le cours d'un travail temporaire en France dans une entreprise étrangère, les juges du pays où est le siège de l'entreprise n'auront pu valablement appliquer leur loi nationale que si cette loi embrasse les prolongements à l'étranger des entreprises nationales ; mais ce jugement ne sera pas opposable en France, à défaut de traités internationaux. Ainsi, la loi allemande englobe les rayonnements à l'étranger des entreprises allemandes. Dès lors, ce sera à bon droit qu'un tribunal allemand aura appliqué la loi de son pays à un accident arrivé en France dans une annexe d'une maison allemande. Mais si une seconde action est exercée ensuite en France, les tribunaux français seront dans l'obligation d'appliquer la loi française. En effet, aucun traité avec l'Allemagne ne déroge a la territorialité de la loi de 1898 pour les accidents occasionnés par les travaux temporaires des maisons allemandes en France. D'autre part, le chef d'entreprise allemand ne pourra pas se prévaloir d'une renonciation tacite au bénéfice de l'article 14, C. civ., puisqu'il s'agit d'une action fondée sur une loi d'ordre public et à laquelle on ne peut renoncer ni directement ni indirectement (1). Dans cette hypothèse, il sera impossible d'éviter le cumul des deux indemnités.

Il en serait de même en cas de travail temporaire en France par une maison italienne, la convention franco-italienne du 9 juin 1906 ne contenant aucune disposition qui fasse bénéficier les ouvriers de l'un des deux États détachés dans l'autre, de la loi du pays où est le siège de l'entreprise. Si, dès lors, un tribunal italien a appliqué sa loi nationale, le tribunal français, ultérieurement saisi, devra à son tour assurer l'observation de la loi française. Il y aura donc aussi cumul d'indemnités. Toutefois si la victime demandait en France l'*exequatur* du jugement italien pour le mettre à exécution, cette demande devrait être rejetée en vertu du traité franco-sarde de 1760, complété par la déclaration du 1er septembre 1860, pour le motif que l'application d'une loi étrangère à un accident arrivé en France blesse l'ordre public.

Au contraire, les traités franco-belge du 21 fé-

---

(1) V. Aubry et Rau, *op. cit.*, 4e édit., t. VIII, § 748 *bis*, p. 742.

vrier 1906, franco-luxembourgeois du **27** juin de la même année et franco-anglais du **3** juillet 1909, stipulent l'application de la loi du pays où est le siège de l'entreprise aux accidents arrivés dans des travaux temporaires exécutés en France par des entreprises belges, luxembourgeoises ou anglaises et réciproquement. Dès lors, si un tribunal belge, luxembourgeois ou anglais a fait application de sa loi nationale à un accident occasionné par des travaux de ce genre en France, le tribunal français devra rejeter la nouvelle demande qui sera introduite devant lui, parce que, la seule loi applicable ayant été observée, la victime a épuisé son droit; d'autre part, en portant son action devant un tribunal belge, luxembourgeois ou anglais, elle a renoncé et pu valablement renoncer à agir devant un tribunal français puisqu'il ne s'agissait pas de la loi d'ordre public du 9 avril 1898, mais d'une loi étrangère. En ce qui concerne la Belgique, les jugements rendus par les tribunaux de ce pays pourront être d'autant mieux opposés à la seconde action en indemnité exercée devant un tribunal français, que les jugements belges ont, en France, l'autorité de la chose jugée (traité du 8 juillet 1899).

b) *Accident arrivé en pays étranger.* — Dans cette hypothèse, c'est de la loi étrangère du pays où l'accident s'est produit, que la victime a le droit de se prévaloir, sauf ce qui sera dit plus loin pour les ouvriers détachés de France à l'étranger. En conséquence si, éventualité peu probable, les juges étrangers avaient appliqué la loi française, les tribunaux français auxquels une nouvelle demande d'indemnité pourrait être faite, se verraient dans l'obligation d'appliquer la loi étrangère. Si, au contraire, le tribunal étranger avait statué, comme il le devait, d'après la loi du pays où l'accident s'est produit, le chef d'entreprise français de nouveau actionné en France, serait fondé à opposer le jugement étranger. En portant sa première action devant un tribunal étranger, la victime a implicitement renoncé à agir en France en vertu des articles 14 et 15 du Code civil, et cette renonciation est parfaitement valable puisque l'ouvrier ne pouvait se prévaloir que de la loi étrangère et non de la loi française. La nouvelle demande doit donc être rejetée.

Alors se pose la question de savoir si le jugement étranger pourra être mis à exécution en France. S'il s'agit d'un jugement rendu en Belgique, il a par lui-même l'autorité de la chose jugée. S'il s'agit d'un jugement rendu en Italie, en Espagne, dans le grand-duché du Luxembourg, l'*exequatur* sera accordé sans aucune difficulté puisque la législation de ces pays est analogue à la législation française, et il en sera de même de tous les jugements appliquant une législation fondée sur la responsabilité légale du patron. Il faut en dire autant d'un jugement émanant d'un tribunal suisse, bien que la législation de ce pays n'admette pas le risque professionnel et repose sur une présomption de faute du patron. Cette législation est certainement en profonde contradiction avec la loi française ; mais, ainsi que nous l'avons déjà dit (*suprà*, p. 123), elle n'est pas contraire à l'ordre public international en France.

Au contraire, un jugement émanant d'un tribunal allemand ne pourrait pas être revêtu de l'*exequatur*, pas plus d'ailleurs que tout autre appliquant une législation analogue. La loi allemande repose sur l'assurance organisée obligatoirement sous la forme d'assurance mutuelle des patrons de la même industrie, constitués en corporations. Dès lors, on ne voit pas comment une décision basée sur un tel régime pourrait être ramenée à exécution en France.

D'ailleurs, toutes les fois que le jugement rendu à l'étranger a été mis à exécution en pays étranger, l'*exequatur* doit être refusé par les tribunaux français, l'ordre public s'opposant à ce que la victime d'un accident reçoive une double réparation du préjudice qu'elle a subi.

En cas d'accident à un ouvrier français travaillant provisoirement à l'étranger, si les tribunaux du pays ont appliqué leur loi nationale, les tribunaux français qui pourront être saisis, plus tard, d'une nouvelle demande, seront dans l'obligation d'appliquer la loi française qui bénéficie, comme nous l'avons dit à plusieurs reprises, aux ouvriers détachés à l'étranger par des entreprises ayant leur siège en France. Dans ce cas, l'*exequatur* sera refusé au jugement étranger afin d'empêcher, au nom de l'ordre public, le paiement d'une double indemnité. Il en serait ainsi, *a fortiori*, si le jugement étranger avait été rendu en Belgique, dans le grand-duché de Luxembourg ou en Angleterre où les traités internationaux imposent, dans ce cas, l'application de la loi française.

Si la demande portée en France avait été rejetée par un tribunal étranger, cela ne s'opposerait pas à ce qu'elle fût accueillie. Il n'en pourrait être autrement que dans le cas où le jugement étranger aurait l'autorité de la chose jugée en France, ce qui ne peut avoir lieu que pour les décisions émanant de tribunaux belges.

Enfin il peut arriver que la victime exerce son action en indemnité devant un tribunal français après avoir été indemnisée amiablement et sans jugement à l'étranger. Dans ce cas, la situation sera la même que s'il y avait eu une décision judiciaire. La victime devra être déboutée si la loi étrangère était applicable, son droit étant épuisé et sa demande d'indemnité à l'étranger devant être considérée comme une renonciation à agir en France, renonciation valable puisque la loi de 1898 n'était pas en jeu. Si, au contraire, l'accident tombait sous le coup de la loi française, le tribunal français devrait en assurer l'observation sans se préoccuper de l'indemnité déjà payée à l'étranger, l'ouvrier n'ayant pas pu renoncer valablement au bénéfice de cette loi d'ordre public. Il en serait ainsi *a fortiori* si la victime avait reçu à l'étranger non une indemnité d'accident, mais une indemnité d'assurance-maladie. C'est dans ce sens que s'est prononcée la cour de Nancy par un arrêt du 10 février 1906 (1), à l'égard d'un ouvrier de nationalité belge, blessé en France pendant qu'il était au service d'une société ayant son

(1) Nancy, 10 février 1906, *Journ. de dr. int. privé*, 1907, p. 1056.

siège dans le grand-duché de Luxembourg, et ayant déjà obtenu dans son pays une indemnité d'assurance-maladie. L'arrêt décide avec beaucoup de raison, que la demande doit être accueillie par le motif que l'application de la loi de 1898 est d'ordre public. « Attendu que vainement encore, dit la cour, la Société se prévaut de ce que l'ouvrier blessé aurait touché en Luxembourg une indemnité pour soutenir que la demande n'est plus recevable, par application de la maxime : *Una via electa...* ; attendu qu'il ressort des documents de la cause que l'intimé s'est adressé, pour obtenir une indemnité, à la société de secours en cas de maladie, et non à la société d'assurances ; qu'au surplus, on ne saurait lui opposer une renonciation au bénéfice de la loi de 1898, cette loi étant d'ordre public, et toute renonciation expresse ou tacite à ses prescriptions étant frappée de nullité ». La loi française était seule applicable. La victime ne pouvait ni en invoquer d'autre ni y renoncer. C'est donc à bon droit que les juges français, en dépit de l'indemnité payée à la victime dans le grand-duché, ont accueilli sa demande et lui ont alloué le bénéfice de la loi de 1898. La règle : *una via electa* ne peut valoir d'ailleurs qu'à titre de présomption d'une renonciation à exercer une seconde instance. Or, cette renonciation était ici impossible.

II. — *Demande formée devant un tribunal étranger après décision d'un tribunal français*

Dans le cas où la victime porte son action devant un tribunal étranger après avoir précédemment obtenu une indemnité d'un tribunal français, les mêmes règles s'imposent. Pour plus de clarté, nous en ferons l'application à cette hypothèse, en distinguant encore le cas d'accident arrivé en France de celui d'accident arrivé à l'étranger.

a) *Accident arrivé en France.* — Dans ce cas, c'était la loi française qui devait être appliquée, tout au moins si la victime était employée à un travail permanent, seule hypothèse dont nous nous occupons pour le moment. En conséquence, si le tribunal français a appliqué sa loi nationale, le tribunal étranger saisi d'une seconde demande, doit débouter la victime dont le droit est épuisé puisqu'elle a obtenu tout ce à quoi elle pouvait prétendre et qu'elle est ainsi réputée avoir renoncé au droit d'agir dans son pays (1).

Dans ce cas, la question se posera de savoir si le jugement français peut être mis à exécution dans le pays où est exercée la seconde action, car dans la négative, la nouvelle instance devrait être accueillie pour que la victime pût obtenir une réparation, à moins que le jugement français n'eût été déjà exécuté en France. Or, rien ne paraît s'opposer à ce qu'un jugement français portant application de la loi française à un accident arrivé en France dans une entreprise étrangère, soit exécuté dans un pays étranger et notamment dans le pays du siège de l'entreprise. On ne voit pas, en effet, comment un tribunal étranger pourrait décider que la responsabilité légale du patron,

(1) *Contra,* trib. de Mons, 19 décembre 1902, *Pasicrisie belge,* 1903. 1. 159.

en cas d'accident du travail, et la réparation forfaitaire, sont contraires à l'ordre public dans son pays alors que ces principes sont presque universellement admis en Europe. Même en Suisse où la responsabilité des accidents est fondée sur une présomption de faute du chef d'entreprise, on ne saurait considérer comme portant atteinte à l'ordre public l'application de la responsabilité de plein droit à un accident arrivé en pays étranger.

S'il s'agit d'un accident arrivé en France à un ouvrier étranger détaché temporairement par une maison étrangère, il faut distinguer suivant que le pays du siège de l'entreprise est lié ou non avec la France par un traité dérogeant à la règle de la territorialité.

Si un traité de ce genre existe, c'est à tort que la loi française a été appliquée en France. Dès lors, le tribunal étranger (belge, luxembourgeois ou anglais) ne pourra pas reconnaître au jugement français l'autorité de la chose jugée ou la force exécutoire puisqu'il aura violé les traités diplomatiques, et, statuant à nouveau, il appliquera la loi nationale.

S'il n'existe pas de traité, ce sera à bon droit que le tribunal français aura appliqué la loi française. Mais, dans ce cas, le tribunal étranger qui pourra être ultérieurement saisi, sera fondé à décider que, s'agissant d'un travail provisoire exécuté à l'étranger par une entreprise nationale, c'est la loi nationale qui doit l'emporter. Dès lors, on se trouvera en présence de deux jugements allouant chacun une indemnité. Pour empêcher la victime de les cumuler, le tribunal étranger

n'aura pas d'autre ressource que de refuser *l'exequatur*
au jugement français ; mais si ce jugement a été déjà
exécuté en France, le cumul sera inévitable. C'est ce
qui se produira, par exemple, en Italie où la convention du 9 juin 1906 ne contient aucune disposition relative aux ouvriers italiens occupés temporairement en
France, et en Allemagne où la législation sur les accidents embrasse les ouvriers occupés à l'étranger, dans
des annexes d'entreprises allemandes.

Ce n'est que dans le cas où cette question sera réglée
par des arrangements internationaux comme les traités
franco-belge, franco-luxembourgeois et franco-anglais,
que tout cumul de jugements et d'indemnités sera
impossible. Alors, en effet, le tribunal français aura,
par application des traités, statué d'après la loi du pays
du siège de l'entreprise et toute nouvelle action engagée
devant un tribunal de ce dernier pays sera rejetée, la
victime ayant épuisé son droit en obtenant la seule
indemnité qu'elle pouvait légalement réclamer et ayant
renoncé à agir dans ce pays, en portant sa demande
devant un tribunal français.

Si la demande avait été précédemment rejetée par
un tribunal français, ce jugement ne serait pas opposable devant un tribunal étranger, sauf en Belgique où
il aurait par lui-même l'autorité de la chose jugée.

Dans le cas où une indemnité aura été payée en
France à la victime avant l'exercice d'une action judiciaire à l'étranger, on appliquera les mêmes règles
que s'il y avait eu jugement. Si la loi française était
applicable, la nouvelle demande sera rejetée ; si c'était

la loi étrangère, le tribunal étranger sera fondé à l'appliquer, malgré l'allocation d'une indemnité en France.

b) *Accident arrivé en pays étranger.* — Si l'accident est survenu en pays étranger, il est régi par la législation de ce pays, à moins qu'il ne s'agisse d'un ouvrier détaché à des travaux provisoires. Dès lors, en cas d'accident dans le cours d'un travail permanent, si les juges français ont appliqué la loi du pays où l'accident s'est produit, toute nouvelle instance portée devant le tribunal de ce pays sera irrecevable attendu que la victime aura épuisé son droit et renoncé tacitement à agir devant les tribunaux étrangers. Elle ne pourra que demander l'*exequatur* du jugement français, et sa demande devra être accueillie, l'exécution de ce jugement contenant application de la loi du pays, ne pouvant donner lieu à aucune difficulté. Si les juges français avaient statué d'après la loi française, le tribunal étranger ne pourrait pas se refuser à reconnaître que le jugement français n'est pas susceptible d'exécution dans son pays, et serait dans l'obligation d'allouer le bénéfice de la loi nationale. Il y aurait alors possibilité de cumul d'indemnités si le jugement français était mis à exécution en France.

Il en serait ainsi même en Belgique où les jugements français ont l'autorité de la chose jugée, ce privilège étant refusé par la convention de 1899 aux décisions contraires à l'ordre public, comme le serait celle d'un tribunal français appliquant la loi française à un accident arrivé en Belgique.

Si la victime était détachée à l'étranger par une maison française, le tribunal français aurait légitimement appliqué la loi française puisqu'elle s'étend aux ouvriers de cette catégorie. Dans une telle hypothèse, si la seconde action est portée devant un tribunal d'un pays, comme la Belgique et le grand-duché de Luxembourg, où les traités diplomatiques stipulent, pour ce cas, l'application de la loi du pays où est le siège de l'entreprise, les juges ne pourront que rejeter la nouvelle demande, la victime ayant obtenu tout ce à quoi elle avait droit. Il en sera de même en Allemagne où la législation sur les accidents laisse en dehors les entreprises provisoires qui y sont exécutées par des maisons étrangères. Mais si la seconde action est formée dans un pays où ni la loi ni les traités ne permettent l'application de la législation du pays du siège de l'entreprise et où le principe de la territorialité de la loi conserve tout son empire pour les ouvriers détachés d'une entreprise étrangère, le tribunal étranger ne sera pas obligé de s'incliner devant le jugement français qui a appliqué la loi française ; il devra statuer d'après sa loi nationale, la victime n'ayant pas pu renoncer au bénéfice d'une loi d'ordre public. Dans ce cas, l'*exequatur* sera refusé au jugement français. Mais si ce jugement est mis à exécution en France, le cumul dès indemnités se produira inévitablement. Ce danger ne peut être conjuré que par des arrangements internationaux stipulant, comme les traités franco-belge, franco-luxembourgeois et franco-anglais, l'application de la loi du pays où est le siège de l'entreprise aux accidents occasionnés par les travaux temporaires exécutés en Belgique, dans le grand-duché ou en Angleterre, par des maisons françaises et *vice versâ*.

CHAPITRE VII

EFFETS DE L'ASSURANCE
CONTRE LES ACCIDENTS DU TRAVAIL DANS LE CONFLIT
DES LOIS ET DES JUGEMENTS; GARANTIES.

Les chefs d'entreprise français étant exposés à supporter des indemnités en vertu des lois étrangères, par application de jugements soit français, soit étrangers, et les chefs d'entreprise étrangers pouvant être tenus de payer des indemnités en vertu de la loi française, il est nécessaire de rechercher quels sont, dans ces divers cas, les effets de l'assurance et de quelles garanties jouit la victime.

§ 1er. — Effets de l'assurance

La question nous paraît devoir être examinée dans quatre hypothèses :

PREMIÈRE HYPOTHÈSE. — *Chef d'entreprise français tenu aux indemnités de la loi du 9 avril 1898, en vertu d'un jugement étranger.* — Ce chef d'entreprise sera-t-il couvert contre cette obligation par son assurance en France? Aux termes de l'article 16, § 7, de la loi de 1898, l'ordonnance du président ou le jugement fixant la rente, substituent l'assureur à l'assuré et suppriment tout recours de la victime contre le chef d'entreprise. Or, nous ne voyons rien qui s'oppose à ce que cette substitution soit prononcée par les tribunaux étrangers.

Mais l'assureur pourra-t-il être mis en cause devant un tribunal étranger? Non, car si la substitution de l'assureur à l'assuré implique nécessairement la mise en cause de cet assureur (1), cette règle est inapplicable devant les tribunaux étrangers, les formes de procédure étant régies par la loi du lieu où l'action est exercée, conformément à la maxime *locus regit actum* (2). Dans tous les cas, l'assurance contractée en France contre les conséquences de la loi du 9 avril 1898, garantira l'assuré pourvu que la police n'exclue pas le cas où les indemnités seraient allouées par un tribunal étranger. En effet, le risque ne change pas parce qu'il est consacré par une décision d'un tribunal autre qu'un tribunal français. L'assurance doit donc jouer dans tous les cas.

DEUXIÈME HYPOTHÈSE : *Chef d'entreprise français tenu à une indemnité en vertu d'une loi étrangère et assuré contre les conséquences de la loi de 1898.* — Ce patron ne sera couvert par son assurance que si la police vise les responsabilités dérivant d'une loi étrangère. L'assureur ne peut, en effet, être tenu que dans la limite de

(1) Cass. civ., 5 janvier 1910, *Gaz. des Trib.*, 18 février 1910.

(2) Dalloz, *Rép. alph., Supplément*, v° Lois, n° 406; Glasson et Colmet-Daage, *Traité théor. et prat. de procédure civile*, 2e éd., t. Ier, p. 12.

son contrat, et on ne saurait étendre le bénéfice de l'assurance aux risques résultant d'une législation étrangère si cette extension ne ressort pas des clauses de la police, car il est évident qu'on ne peut pas faire supporter à l'assureur des risques qu'il n'a pas prévus et dont il n'a pas pu tenir compte dans le calcul des primes (1). La question s'est présentée devant la cour de Bruxelles à propos d'un accident arrivé en Grèce, dans une entreprise belge assurée en Belgique. Dans cette espèce, la police s'appliquait non seulement aux accidents régis par la loi du 21 décembre 1903, mais encore à ceux provenant de la faute de la victime, de cas fortuits ou de force majeure ou de toute autre cause pouvant engager la responsabilité civile de l'assuré en vertu des articles 1382 et s. du Code civil. D'autre part, la prime était due « sur tout le personnel : ouvriers, apprentis et employés que l'assuré, pour l'exécution des travaux de sa profession déclarée par lui, occupe ou pourra occuper par la suite, soit personnellement, soit par l'entremise de sous-traitants ou tâcherons, en quelque lieu que ce soit, dans tous ses établissements ou chantiers ». Or, l'action exercée en Grèce était basée sur une faute du chef d'entreprise engageant sa responsabilité civile. La cour a décidé avec raison que la police embrassait non seulement les accidents arrivés en Belgique et régis par la loi belge, mais encore ceux qui sont survenus à l'étranger et dont le chef d'entreprise est tenu en raison de sa

(1) Demeur, *Le risque professionnel*, n° 3535 et s.

faute. Et il est indifférent que la police mentionne les articles 1382 et s. qui ne sauraient s'appliquer à un accident survenu en Grèce. « Les parties ont visé ce cas, dit l'arrêt, non pas comme le prétend l'appelante, pour restreindre la garantie aux seuls accidents pour lesquels le texte même desdits articles 1382 et s. serait appliqué comme loi belge, mais pour étendre la garantie à tous les accidents où, d'après les principes énoncés dans ces dispositions légales, la responsabilité civile de l'intimée serait engagée, peu importe le texte de loi belge ou étranger, sur lequel la juridiction appelée à trancher la question de responsabilité, baserait sa décision » (1).

La solution aurait été différente si l'action exercée en Grèce contre le chef d'entreprise avait été basée sur la loi grecque relative aux accidents du travail. En effet, les termes de la police visent exclusivement les conséquences de la loi du 24 décembre 1903, la responsabilité civile de l'assuré et les risques imputables au cas fortuit, à la force majeure ou à la faute de l'ouvrier ; ils sont limitatifs et on ne saurait y faire rentrer la responsabilité dérivant d'une loi étrangère sur le risque professionnel. Les parties contractantes n'ont pas eu en vue ces risques spéciaux. Les indemnités contractuelles fixées par la police ne correspondent nullement, d'ailleurs, aux indemnités forfaitaires allouées par la loi grecque, et la prime et les conditions du droit à l'indemnité ne sont pas les mêmes.

(1) Bruxelles, 29 janvier 1908, *Revue des accidents du travail*, Demeur et Smeysters, 1908, p. 205, et la note.

Troisième hypothèse : *Chef d'entreprise étranger tenu à des indemnités en vertu de la loi du 9 avril 1898 ou d'autres lois que sa loi nationale.* — Si ce chef d'entreprise est assuré dans son pays conformément à sa loi nationale, il ne saurait être, de ce fait, exonéré de plein droit des conséquences de la loi française, comme l'est le chef d'entreprise français. En effet, aux termes de l'article 21 de la loi de 1898, en cas de non-paiement de l'indemnité par la société d'assurances, c'est la Caisse nationale des retraites pour la vieillesse qui fait face au service des pensions, au moyen du fonds spécial de garantie. Le chef d'entreprise assuré est entièrement déchargé des conséquences de l'accident. Mais cette garantie ne peut fonctionner qu'autant qu'il s'agit d'une assurance contractée dans les conditions prévues par la loi française, c'est-à-dire à une société autorisée à assurer contre les accidents, soumise au contrôle et à la surveillance de l'État, astreinte à constituer des réserves ou cautionnements et remplissant toutes les conditions requises par la loi (art. 27) et le règlement d'administration publique du 28 février 1899, pris pour l'exécution de l'article 27. La Caisse nationale des retraites pour la vieillesse. gérant le fonds de garantie, étant caution du paiement des pensions par les sociétés d'assurances, il est juste que cette caution n'existe que dans le cas où l'assurance présente toutes les garanties exigées par la loi. En conséquence le chef d'entreprise étranger ne pourra être exonéré des indemnités mises à sa charge en vertu de la loi du 9 avril 1898, que s'il est assuré en France à une société admise à pratiquer l'assurance contre les accidents conformément à la loi française. Ainsi un chef d'entreprise allemand qui fait des travaux en France et est assuré en Allemagne suivant la loi de son pays où l'assurance est obligatoire et organisée par une corporation de patrons, ne saurait être exonéré par cette assurance contre les conséquences de la loi française, en cas d'accident arrivé en France à un ouvrier y ayant sa résidence. C'est ce qui a été décidé avec raison par la cour de Nancy, à propos d'un accident arrivé en France à un ouvrier travaillant dans une entreprise ayant son siège dans le grand-duché de Luxembourg (1).

Le chef d'entreprise étranger assuré à l'étranger contre les conséquences de sa loi nationale sur les accidents, ne sera protégé contre les effets de la loi française ou de toute autre loi étrangère, comme le chef d'entreprise français contre les conséquences des lois étrangères, qu'autant que la police visera expressément ce risque.

§ 2. — Garanties

La loi du 9 avril 1898 a créé des garanties spéciales pour le paiement de l'indemnité journalière, des frais médicaux, pharmaceutiques et funéraires, d'une part, et pour les rentes et pensions, d'autre part.

Suivant l'article 23, la créance de la victime de l'accident ou de ses ayants droit pour l'indemnité temporaire, les frais de maladie et les frais funéraires, est

(1) Nancy, 10 février 1906, précité.

11

garantie par le privilège de l'article 2101 du Code civil, sur les meubles et les immeubles du débiteur. Cette garantie bénéficie à toutes les victimes d'accident sans distinction, quelles que soient leur nationalité ou la nationalité du chef d'entreprise et alors même que les indemnités auraient été allouées par un tribunal étranger. Mais elle ne s'applique qu'aux indemnités ci-dessus dérivant de la loi française sur les accidents et non aux indemnités analogues fondées sur une loi étrangère.

Nous avons vu qu'à défaut par les compagnies d'assurances de s'acquitter des indemnités mises à leur charge, le paiement en est assuré aux intéressés par la Caisse nationale des retraites pour la vieillesse. L'article 26 de la loi du 9 avril 1898, confère à cette caisse un recours contre les chefs d'entreprise non assurés, à la décharge desquels des indemnités ont été payées.

Cette garantie fonctionne quelle que soit la nationalité de la victime et du patron. Elle s'applique à la rente viagère de l'ouvrier étranger ou de ses ayants droit s'ils n'ont pas cessé de résider en France, et au capital dans le cas contraire. Les rentes des ouvriers italiens, anglais, belges et luxembourgeois, bénéficient aussi de la garantie alors même que les indemnitaires ne résident pas en France, les traités diplomatiques leur assurant les mêmes garanties qu'aux ouvriers français (V. chap. VIII).

Elle fonctionne alors même que le chef d'entreprise n'est pas soumis à la patente, en raison du caractère temporaire de son entreprise. Le texte ne porte, en effet, aucune distinction : la Caisse nationale des retraites doit payer aux lieu et place du chef d'entreprise quel qu'il soit ou de l'assureur. Il importe peu que le patron soit soumis à la patente et participe ou non à l'entretien du fonds de garantie. Rien ne permet de subordonner la garantie à cette condition, puisqu'elle joue, dans certains cas, malgré que le chef d'entreprise ne soit pas patenté. Ainsi il n'est pas impossible que l'accident soit arrivé dans une exploitation clandestine qui s'est dérobée à la patente. Enfin, la garantie a fonctionné pour les accidents produits par les machines agricoles à moteur inanimé exploitées par un agriculteur non patenté, jusqu'à la loi du 12 avril 1906 qui a institué pour ce cas un mode de contribution au fonds de garantie. On doit donc conclure qu'en cas d'accident arrivé en France, la Caisse nationale des retraites est tenue de payer les indemnités, à défaut du chef d'entreprise étranger non assuré qui ne se trouve pas imposé à la patente, comme, par exemple, en cas de travail temporaire en France. La Caisse exercera ensuite son recours, à ses risques et périls, contre ce chef d'entreprise.

La garantie doit avoir lieu alors même que la loi française a été appliquée par un tribunal étranger. Le texte n'admet, en effet, aucune distinction à cet égard.

En cas d'accident arrivé en pays étranger, la garantie existe toutes les fois que la loi du 9 avril 1898 est appliquée, ce qui a lieu notamment, lorsque l'accident s'est produit dans le cours d'un travail temporaire exécuté par une maison ayant son siège en France. Et il est indifférent, bien entendu, que la décision allouant l'indemnité émane d'un tribunal étranger. La garantie ne peut ici donner lieu à aucune contestation, puisqu'il s'agit d'un chef d'entreprise patenté et contribuant au fonds de garantie.

Par contre, la garantie n'existera jamais pour les indemnités dues en vertu de lois étrangères. Elle n'a été, en effet, instituée par la loi du 9 avril 1898, qu'en vue des indemnités dérivant de cette loi. Vainement on soutiendrait qu'il s'agit d'un chef d'entreprise patenté, contribuant au fonds de garantie, et contre lequel la Caisse aurait son recours. Cela ne saurait prévaloir contre cette raison que le législateur n'a voulu établir une garantie que contre le défaut de paiement des indemnités qu'il venait d'instituer. Il est à peine besoin d'ajouter qu'il en serait de même si c'était un tribunal français qui eût appliqué la loi étrangère.

CHAPITRE VIII

TRAITÉS DIPLOMATIQUES CONCERNANT LES ACCIDENTS DU TRAVAIL

La loi du 31 mars 1905 a ajouté à l'article 3 de la loi du 9 avril 1898 l'alinéa suivant : « Les dispositions des trois alinéas précédents pourront toutefois être modifiées par traités dans les limites des indemnités prévues au présent article, pour les étrangers dont les pays d'origine garantiraient à nos nationaux des avantages équivalents » (art. 3, C, 9ᵉ alinéa). Ce texte autorise le Gouvernement à établir par conventions diplomatiques un système réciproque d'indemnisation des ouvriers étrangers ou de leurs ayants droit étrangers aux lieu et place du régime institué par la loi du 9 avril 1898.

Le projet voté par la Chambre des députés le 3 juin 1901, reposait non sur le principe de la réciprocité diplomatique qui a prévalu en dernière analyse, mais sur celui de la réciprocité législative. « Les représentants d'un ouvrier étranger, portait le dernier alinéa de l'article 3, ne recevront aucune indemnité si, au moment de l'accident, ils ne résidaient pas sur le territoire français, à moins qu'un décret en Conseil d'État n'ait rendu applicables, en ce cas, pour leur nationalité, à raison de la législation en vigueur dans leur pays sur la matière, les dispositions contenues dans les deux alinéas précédents ». Ce texte ne visait pas les représentants des ouvriers étrangers ne résidant pas en France, et autorisait le Gouvernement à assimiler aux ouvriers français les ouvriers d'un pays étranger où la loi contient cette assimilation. Cette mesure ne pouvait être prise que par décret.

La commission du Sénat adopta le principe voté par la Chambre et en étendit l'application par voie de conventions internationales. « La seule addition bien légère que nous proposons d'appliquer au texte de la Chambre des députés, disait M. Chovet dans un premier rapport supplémentaire, c'est qu'après les mots : « à moins qu'un décret en Conseil d'Etat », on ajoute : « *ou une convention internationale* ». Ces mots, à notre avis, ne font que compléter la pensée même des auteurs du projet » (1).

Dans le texte définitif, le principe de l'assimilation par traités diplomatiques a reçu une application plus large : loin d'être limité à la concordance des lois étrangères avec la loi française, il a été étendu à toute réciprocité conventionnelle avec les Etats étrangers et non seulement des ayants droit étrangers mais encore des indemnitaires directs eux-mêmes.

Le texte autorise ces traités diplomatiques sous les deux conditions suivantes : 1° que les indemnités stipulées par les traités ne dépassent pas le maximum des

_____

(1) 1er rapport supplémentaire de M. Chovet au Sénat, p. 52.

indemnités prévues par la loi ; 2° que le pays contractant garantisse à nos nationaux une complète réciprocité par des avantages équivalents.

La réciprocité diplomatique adoptée par la loi du 31 mars 1905 est bien préférable à la réciprocité législative, d'abord parce qu'elle offre plus de stabilité en étant à l'abri des fluctuations de la loi, ensuite parce que, plus souple et plus flexible, elle permet de réaliser plus complètement l'équivalence entre les indemnités stipulées de part et d'autre (1).

Par application des dispositions de la loi du 31 mars 1905, le Gouvernement français a conclu des conventions diplomatiques avec l'Italie, la Belgique, le Luxembourg et l'Angleterre. D'autre part, la Belgique a conclu une convention avec le grand-duché de Luxembourg. Des traités semblables ont été signés par l'Allemagne avec le grand-duché et les Pays-Bas. Enfin, par une ordonnance du 22 février 1906, le Conseil fédéral d'Allemagne a décrété en faveur des sujets belges l'abrogation des dispositions restrictives des lois alle-

(1) La réciprocité législative est rarement admise dans les lois françaises. C'est ainsi que l'article 11 du Code civil n'édicte que la réciprocité diplomatique : « L'étranger jouira en France des mêmes droits civils que ceux qui sont ou seront accordés aux français par les traités de la nation à laquelle cet étranger appartiendra ». La rédaction primitive de ce texte portait : « par les traités ou les lois » ; mais, sur l'opposition du Tribunal, la réciprocité législative fut écartée.

La réciprocité diplomatique, au contraire, existe dans plusieurs autres matières en France, notamment dans la loi du 15 juillet 1893 sur l'assistance médicale gratuite, qui porte : « Les étrangers malades, privés de ressources, seront assimilés aux Français, toutes les fois que le Gouvernement aura passé un traité d'assistance réciproque avec leur nation d'origine » (art. 1er, § 3).

mandes envers les étrangers. Nous étudierons successivement tous ces actes (1).

§ 1er. — Convention franco-italienne du 9 juin 1906

Dès le 15 avril 1904, par conséquent avant même la promulgation de la loi du 31 mars 1905, une convention était signée, à Rome, entre la France et l'Italie pour déterminer les bases sur lesquelles seraient négociés les arrangements destinés à organiser des rapports réguliers entre les institutions de prévoyance et d'assurance sociales des deux pays et faciliter l'application de leur législation protectrice des travailleurs. En exécution de l'article 1er, § d, de cet accord, un arrangement fut signé, à Paris, le 9 juin 1906 (annexe I), dont voici l'analyse :

ART. 1 et 2. — *Assimilation des ouvriers italiens aux ouvriers français et réciproquement.* — Les ouvriers italiens victimes d'accidents sur le territoire français ou leurs représentants, ont droit aux mêmes indemnités que les ouvriers français ou leurs représentants ; de même que les ouvriers français victimes d'accidents sur le territoire italien ou leurs représentants ont droit aux mêmes indemnités que les ouvriers italiens ou leurs représentants (art. 1er). La législation italienne sur les accidents, ne fait aucune différence entre les ouvriers nationaux et les ouvriers étrangers.

(1) Une convention a été signée aussi entre l'Italie et la Hongrie (*Bulletin de l'Office du travail*, 1910, p. 125).

Au contraire, dans la législation française, l'assimilation entre ouvriers étrangers et nationaux, cesse dès que l'ouvrier étranger quitte le territoire français après l'accident : il n'a droit, dans ce cas, qu'à un capital égal à trois annuités de la rente. Cette restriction est abrogée par l'arrangement du 9 juin 1906 pour les ouvriers italiens. Ces ouvriers, victimes d'accidents sur le territoire français, ont désormais les mêmes droits que les ouvriers français, alors même qu'ils cessent de résider en France. D'autre part, les ouvriers français blessés en Italie, jouissent des mêmes avantages que les ouvriers italiens. La loi italienne ne contenant aucune restriction envers les ouvriers étrangers, cet avantage est garanti aux ouvriers français par la convention.

Aux termes de la loi du 9 avril 1898 (art. 3, § C, al. 7 et 8), les ayants droit étrangers d'ouvriers étrangers, qui cessent de résider en France après l'accident, n'ont droit qu'à un capital égal à trois fois la rente qui leur avait été allouée, sans que ce capital puisse dépasser la valeur actuelle de la rente. Quant aux représentants étrangers qui ne résidaient pas sur le territoire français au jour de l'accident, ils n'ont droit à aucune indemnité. La loi italienne ne connaît pas ces distinctions : elle place tous les étrangers sur le même pied que les nationaux. L'arrangement abolit les restrictions de la loi française en conférant aux ayants droit de nationalité italienne, qui cessent de résider en France ou qui n'y résidaient pas au jour de l'accident, les mêmes droits qu'ont, en Italie, les représentants d'ouvriers français (art. 2).

Les ouvriers italiens victimes d'accidents du travail en France, et leurs ayants droit étant assimilés par le traité aux ouvriers français, même s'ils cessent de résider en France après l'accident, sont fondés à demander la revision de l'indemnité, de même que le patron peut l'exercer contre eux. Ce droit résulte des art. 6 et 7 du traité, qui visent le versement du capital représentatif des rentes devenues définitives par l'expiration du délai de revision (*infrà*, p. 183). Nous avons exposé les règles de procédure de la revision au chapitre V, § 3.

L'article premier de la convention stipule pour les ouvriers des deux nations les mêmes indemnités ; il ne parle pas des garanties. Mais ces garanties n'en sont pas moins assurées aux bénéficiaires, ainsi qu'il résulte de l'article 11 qui règle la procédure à cet égard (*infrà*, p. 189).

Le texte du traité vise exclusivement les ouvriers italiens victimes d'accidents « sur le territoire français » et réciproquement. La convention ne s'occupe pas des ouvriers italiens blessés dans un pays étranger autre que la France, même dans une entreprise française, pas plus que des ouvriers français blessés ailleurs qu'en Italie, même dans une entreprise italienne. Dès lors, un ouvrier italien embauché par un patron français pour travailler en Turquie, par exemple (1), ne peut pas se prévaloir du traité franco-italien. C'est là une lacune regrettable, car on ne voit pas pourquoi l'ouvrier italien détaché par un patron français pour effectuer un

(1). V. trib. de Lyon, 26 décembre 1907, précité.

travail temporaire à l'étranger, ne bénéficierait pas de la même protection que s'il avait continué à travailler en France.

La question s'est posée de savoir si les dispositions du traité sont obligatoires ou facultatives, c'est-à-dire si les ouvriers peuvent y renoncer et opter pour le bénéfice de la loi du 9 avril 1898. Nous pensons que le système d'indemnisation institué par le traité est obligatoire (1). En effet, le gouvernement italien a voulu protéger ses nationaux contre une législation défavorable aux étrangers ; il n'est donc pas admissible qu'il ait entendu en même temps maintenir aux intéressés le droit de se soumettre volontairement aux duretés de cette législation. Si telle eut été son intention, il l'aurait certainement exprimée. Or, le texte ne dit pas que les ouvriers italiens pourront demander les mêmes indemnités que les ouvriers français ; il emploie des termes plus restrictifs : « Les ouvriers... auront droit aux mêmes indemnités ». Tel est désormais le droit des ouvriers italiens : ils n'en ont pas d'autre que les ouvriers français. Or, ceux-ci n'ont aucun droit d'option en dehors de ceux qui sont contenus dans la loi. La rente des ouvriers italiens ne peut subir d'autres conversions que celle des ouvriers français. Le traité les a mis sur le même pied que les nationaux ; il ne leur a pas fait une situation meilleure.

Mais, dit-on, les dispositions de l'article 3 de la loi de 1898 relatives aux étrangers, n'ont pas pu être et

____

(1) Trib. de Marseille, 30 janvier 1908, *Rec. spéc. des acc. du trav.*, Villetard de Prunières, 1908, p. 261 ; D. P. 1910. 2. 237.

n'ont pas été abrogées. Les ouvriers italiens ont donc toujours le droit de s'en prévaloir. Nous pensons, au contraire, que ces textes se trouvent virtuellement abrogés pour les ouvriers italiens. En effet, le traité a été conclu en vertu de l'article 3, dernier alinéa, de la loi du 9 avril 1898 où il est dit : « Les dispositions des trois alinéas précédents pourront toutefois être *modifiées* par traités dans la limite des indemnités prévues au présent article... » Il s'agit donc d'une *modification* de la loi de 1898 et non d'une *addition*. Les dispositions des alinéas visés sont modifiées et n'existent plus dès lors qu'elles ont été remplacées par des dispositions nouvelles résultant d'un accord diplomatique. Enfin le traité franco-italien a été approuvé par une loi du 3 juin 1907 et, au surplus, tous les traités internationaux ont le caractère de lois (1) et sont d'ordre public : on ne peut donc pas renoncer à leurs dispositions.

On s'est demandé aussi si la convention franco-italienne a un effet rétroactif. Nous pensons que la règle de la non-rétroactivité des lois est applicable ici d'une manière absolue à tous les accidents antérieurs à la mise en vigueur du traité, qui a eu lieu le 1er novembre 1907 (*infrà*, p. 191). Les nations contractantes ont expressément manifesté leur volonté sur ce point. La convention porte, en effet, que « les ouvriers ou employés de nationalité italienne, victimes d'accidents par le fait ou à l'occasion du tra-

(1) Cass., 21 juin 1839, Dalloz, *Rép. Alph.* v° *Traité international*, n°° 156, et 131 ; *Supplément, eod. verb*, n° 17 ; Despagnet, *op. cit.*, n° 159.

vail sur le territoire français, ou leurs représentants, *auront droit* aux mêmes indemnités que celles qui sont accordées aux ouvriers ou employés de nationalité française ». Le texte emploie le futur : il vise donc exclusivement les ouvriers italiens qui seront victimes d'accidents dans l'avenir ; autrement, il aurait dit : « ont droit » et non « auront droit ». Enfin tel est aussi l'esprit du traité. Ses auteurs n'ont eu certainement en vue que les futures victimes d'accident et non les victimes du passé. Il n'a pas pu entrer dans leur pensée de modifier la situation des ouvriers blessés antérieurement ni celle de leurs patrons. Il pourrait arriver, en effet, si ces ouvriers cessaient de résider en France et qu'on leur reconnût le droit à la rente, que l'assureur se refusât à la payer, et si sa résistance venait à être déclarée fondée, le chef d'entreprise ne se trouverait pas garanti contre son obligation résultant du traité diplomatique. Nous devons admettre que les deux gouvernements n'ont pas voulu ce résultat (1).

Dans un système contraire, on soutient que la non-rétroactivité n'est opposable qu'aux étrangers qui ont cessé de résider en France avant la mise en vigueur de la convention ; quant à ceux qui n'ont quitté le territoire français qu'après cette date, quoique blessés avant, ils doivent bénéficier du traité. Pour les pre-

(1) Civ., 18 novembre 1908, *Mon. jud. Lyon*, 9 décembre 1908 ; Nancy, 8 février 1908, *Rec. de doc. publié par le min. du trav.*, t. X, p. 51. — *Contrà*, Lyon, 29 avril 1910, *Mon. jud. Lyon*, 10-11 juil. 1910 ; Sicoré, *De l'application de l'arrangement franco-italien relatif aux accidents du travail*, *Journ. de dr. int. priv.* p. 68 ; Grimaud, note sous Grenoble, 30 décembre 1908, *La Loi*, 12 mars 1909.

miers, dit-on, le chef d'entreprise avait un droit acquis au remplacement de la rente par un capital ; le traité ne peut rien y changer. Mais il en est autrement des seconds : pour eux, le chef d'entreprise n'a qu'en expectative le droit au rachat de la rente ; ce droit ne peut être exercé qu'autant que l'étranger quitte le territoire français ; il est subordonné à la volonté du bénéficiaire. Dès lors, cette expectative peut être anéantie par une loi puisqu'elle pouvait l'être par le fait d'un tiers (1). Ce raisonnement a le tort de ne s'occuper que du patron qui n'a, en effet, aucun droit acquis sur le rachat de la rente tant que l'étranger n'a pas quitté le sol français. Mais cet ouvrier étranger ou ses représentants ont droit au paiement d'un capital s'ils viennent à cesser de résider en France. Ce droit leur était acquis au moment de la mise en vigueur de la convention. Par suite, alors même qu'ils cessent de résider en France après cette date, ils ont le droit de réclamer le remplacement de la rente par les trois annuités. Il est possible que ce soit un avantage à rebours, qui tourne en définitive à la perte du capital ; mais les pensionnés préfèrent souvent un capital à la rente et s'ingénient à l'obtenir, alors même qu'ils n'y ont pas droit. Ils sont d'ailleurs maîtres d'apprécier leurs intérêts comme ils l'entendent, et, s'ils sont investis d'un droit, il n'est pas admissible qu'ils puissent en être dépouillés parce qu'ils pourraient en faire un mauvais usage. Impossible également de répondre que

(1) Sicoré, *op. et loc. cit.* ; Grimaud, *op. et loc. cit.*

l'étranger pourra, s'il le préfère, obtenir le capital, puisque, ainsi que nous l'avons vu, les dispositions de la convention sont obligatoires et non facultatives.

Art. 3. — *Avis de clôture de l'enquête.* — En cas d'accident donnant lieu à enquête, avis de la clôture de l'enquête doit être immédiatement donné à l'autorité consulaire du ressort dans l'étendue duquel se trouvait la résidence de la victime au moment de l'accident, pour qu'elle puisse en prendre connaissance dans l'intérêt des ayants droit. L'avis doit être adressé au consul ou vice-consul dans le ressort duquel la victime résidait. Il semble qu'il eût été préférable de désigner pour prendre connaissance de l'enquête, l'agent consulaire dans le ressort duquel l'accident s'est produit, puisque c'est au lieu de l'accident que se fait l'enquête. On peut se demander, en effet, à quel agent il faudra s'adresser si la victime n'a pas de domicile en France, par exemple, s'il s'agit d'un passant embauché pour une journée ou deux ou d'un ouvrier italien résidant en Italie et venant travailler tous les jours en France, ou *vice versa*. Dans ce cas, il faudra bien considérer le lieu de l'accident comme celui de la résidence de la victime et donner avis de la clôture de l'enquête à l'agent consulaire qui a juridiction sur ce lieu.

L'avis doit être envoyé « immédiatement », c'est-à-dire aussitôt l'enquête terminée.

Le règlement arrêté entre la France et l'Italie (1)

(1) *Journal officiel* du 20 décembre 1907.

(annexe II) pour l'exécution de l'arrangement, a déterminé (art. 1er) dans quelles conditions doit être donné l'avis de clôture de l'enquête : il doit mentionner les nom, prénoms, profession, domicile, lieu et date de naissance de la victime de l'accident, le lieu où elle se trouve, et, lorsque l'accident a entraîné ou paraît devoir entraîner la mort, les nom, prénoms, profession, domicile, lieu et date de naissance des ayants droit pouvant, le cas échéant, prétendre à une indemnité. Il doit indiquer la date à laquelle le dossier de l'enquête cessera d'être déposé au greffe de la justice de paix en France ou de la chancellerie de la préture en Italie, pour être transmis à l'autorité judiciaire compétente.

Le règlement ne précise pas le mode d'envoi de l'avis de clôture de l'enquête. En l'absence de toute disposition sur ce point, on s'était demandé si l'avis ne devait pas être envoyé par lettre recommandée, par analogie avec l'avis envoyé aux parties (art. 13 de la loi du 9 avril 1898). Mais l'autorité consulaire ne saurait être assimilée aux parties en cause. Il a d'ailleurs paru plus correct que cet avis fût adressé au consul italien par le juge de paix et transmis par l'intermédiaire du procureur de la République (1).

Le consul a le droit de prendre communication de l'enquête au greffe de la justice de paix. Il ne nous semble pas qu'on puisse lui en refuser copie, s'il la

____

(1) Lettre du ministre de la Justice au procureur général de Lyon, du 21 juin 1909.

demande. Dans ce cas, il doit au greffier les droits d'expédition. Il n'en serait autrement que si la victime ou ses ayants droit ne s'étaient pas déjà fait délivrer une expédition de l'enquête et si l'autorité consulaire italienne la demandait au nom de la victime ou de la famille. Dans cette hypothèse, le greffier ne serait pas fondé à réclamer l'émolument, sous le prétexte qu'il n'aurait pas été saisi d'une demande personnelle et directe du blessé (1).

Dès la réception de l'avis de clôture de l'enquête, le consul se mettra immédiatement en rapports avec la victime ou ses représentants pour la sauvegarde de leurs droits (art. 1er du règlement).

ART. 4. — *Faculté de paiement des arrérages des rentes par l'intermédiaire des consuls.* — Les chefs d'entreprise et les assureurs français et italiens peuvent se libérer des arrérages des rentes ou des indemnités dues par eux, entre les mains de l'autorité consulaire à laquelle ressortissait le domicile de la victime au moment de l'accident.

Aux termes de l'article 2 du règlement, les débiteurs qui veulent user de cette faculté doivent adresser par lettre recommandée à l'autorité consulaire compétente ou lui remettre, contre un récépissé immédiat, une déclaration contenant : 1° les nom, prénoms, profession, domicile, lieu et date de naissance de la victime ou de ses ayants droit ; 2° la date de l'accident ; 3° si les bénéfi-

<hr>

(1) Lettre du ministre de la Justice au procureur général de Lyon, du 1er avril 1910.

ciaires sont incapables, les noms, prénoms, profession et domicile de leurs représentants légaux ; 4° l'indication de la décision judiciaire ou du titre fixant la rente ou l'indemnité : 5° le montant des arrérages ou de l'indemnité due ; 6° la date de l'exigibilité. Cette déclaration n'aura pas à être renouvelée à chaque échéance par les débiteurs qui auront déclaré vouloir s'acquitter périodiquement entre les mains de l'autorité consulaire.

Dans un délai maximum de trois jours après cette déclaration, le consul doit réclamer à la victime ou à ses ayants droit les pièces d'identité et certificats de vie et les produire dès réception au débiteur. Si la victime ou ses représentants résident ailleurs qu'en France et en Italie, le consul leur réclame, par la voie consulaire, les pièces à produire. Dans le cas de libération périodique entre les mains du consul, celui-ci produit les certificats de vie aux échéances (règlement du 20 déc. 1907, art. 2).

Le consulat doit donner quittance des sommes reçues et les envoyer immédiatement aux créanciers (Règlement, art. 2 § 2). Il doit faire cet envoi alors même que ses nationaux ne résident pas dans leur pays d'origine, puisque, ainsi que nous venons de le voir, il doit leur demander les pièces, même lorsqu'ils résident ailleurs qu'en France et en Italie.

Les victimes d'accidents ou leurs ayants droit ne doivent supporter aucune charge à raison des diligences, démarches, correspondances ou production d'actes incombant à l'autorité consulaire. Les débiteurs seuls ont à payer les droits de chancellerie.

Ajoutons enfin que les États ne sont pas responsables pécuniairement des actes de leurs consuls.

Art. 5. — *Assurance par la Caisse nationale italienne d'assurances contre les accidents des indemnités dues aux ayants droit ne résidant pas en France.* — Les assureurs désireux de se décharger du risque d'indemnités à payer aux représentants ne résidant pas en France, d'ouvriers italiens victimes d'accidents, et de toutes recherches et démarches éventuelles à cet effet, peuvent contracter une réassurance à la Caisse nationale italienne d'assurance contre les accidents, suivant le tarif conventionnel annexé à l'arrangement. Ce tarif, établi à titre provisoire, doit être revisé aussitôt que possible par les administrations compétentes des deux pays d'après les données techniques qui seront recueillies.

Cette faculté de réassurance par la Caisse nationale italienne d'assurances contre les accidents, est établie au profit des seuls assureurs français. Elle est, en effet, inutile aux assureurs italiens pour les indemnités dues aux représentants d'ouvriers français ne résidant pas en Italie, la loi italienne ne faisant aucune distinction entre ceux qui résident et ceux qui ne résident pas.

Un second règlement est intervenu à la date du 1er décembre 1908 (1), pour l'exécution de l'article 5 de la convention (Annexe III). Ce règlement porte que les assureurs français qui voudront user du bénéfice de l'article 5, devront produire à la Caisse nationale italienne d'assurances contre les accidents une copie certifiée

____

(1) *Journ. off.* du 1er décembre 1908.

conforme du contrat d'assurance, objet de la réassurance, et lui fournir, dûment vérifié par leurs agents, le décompte des salaires payés par l'assuré, pendant les douze mois précédents, aux ouvriers italiens occupés dans l'entreprise, et dont les ayants droit ne résident pas en France (art. 1er).

Dès la réception de ces pièces, la Caisse nationale italienne délivre un contrat conforme au modèle annexé au règlement (art. 2).

Les procédures doivent être suivies en France par les assureurs réassurés qui communiquent à la Caisse italienne les décisions intervenues. Aussitôt ces décisions reçues, la Caisse paie les indemnités allouées (art. 3).

Si l'assureur français avait été mis en demeure de faire lui-même ce paiement, il en demanderait le remboursement à la Caisse italienne (art. 4).

Le Ministère français du Travail doit adresser au Ministère italien de l'Agriculture, du Commerce et de l'Industrie, la liste des assureurs français admis à pratiquer l'assurance contre les accidents et l'aviser de toutes les modifications apportées à cette liste (art. 5).

Sur la demande de la Caisse nationale italienne, le Ministère français du Travail chargera les commissaires contrôleurs des sociétés d'assurances contre les accidents, de vérifications déterminées au siège des sociétés d'assurances, en ce qui concerne les contrats de réassurance susvisés (art. 6).

L'entrée en vigueur de l'article 5 de l'arrangement du 9 juin 1906 et du règlement du 1er décembre 1908, a été fixée au 1er janvier 1909. Le règlement précité aura la même durée que l'arrangement (art. 7).

Enfin, dans le cas de circonstances graves, le gouvernement italien a la faculté de suspendre le service de réassurance à la charge d'en donner avis au gouvernement français dans les conditions prévues à l'article 12 de l'arrangement (*infrà*, p. 191) (art. 8).

Art. 6. — *Paiement des arrérages de la rente en Italie après versement du capital représentatif à la Caisse nationale des retraites pour la vieillesse.* — Lorsque le chef d'entreprise ou l'assureur français auront usé pour un ouvrier de nationalité française ou ses représentants, de la faculté qui leur est accordée par l'article 28 de la loi du 9 avril 1898, de se libérer en une seule fois en versant à la Caisse nationale des retraites pour la vieillesse, le capital représentatif de la rente viagère, les arrérages seront servis, à la demande de la victime ou de ses représentants, par les soins de la Caisse nationale italienne de prévoyance pour l'invalidité et la vieillesse des ouvriers.

Les titulaires de rentes qui voudront bénéficier de la disposition précédente, devront adresser leur demande à la Caisse nationale française des retraites pour la vieillesse. Cette demande indiquera les nom, prénoms, profession, domicile du titulaire, et, s'il est incapable, ceux de son représentant légal, le numéro d'inscription du titre de rente, le montant des trimestres échus, la date de leur échéance, le lieu où le paiement devra être effectué (règlement du 20 décembre 1907, art. 3, §§ 1 et 2).

L'autorisation de payer est donnée à la Caisse natio-

nale italienne de prévoyance par la Caisse nationale
française des retraites qui lui transmet à cet effet une
copie de la demande. La Caisse nationale italienne effectuera le paiement contre quittance, entre les mains du
porteur de l'extrait d'inscription et du certificat de vie
du rentier. Ce certificat doit, s'il s'agit d'un mineur,
mentionner qu'il a été délivré à la requête du tuteur,
où s'il s'agit d'un conjoint survivant, constater que l'intéressé n'est pas remarié. En outre, lors du dernier paiement effectué au profit d'un orphelin parvenu à sa seizième année, l'extrait d'inscription doit être renvoyé à
la Caisse nationale française des retraites, qui émet, s'il
y a lieu à réversibilité, de nouveaux extraits d'inscription. On sait, en effet, que d'après la loi du 9 avril 1898,
les pensions allouées aux enfants âgés de moins de
16 ans, accroissent celles de leurs frères et sœurs au fur
et à mesure de leur extinction, tant qu'il y a plus de
quatre enfants orphelins de père ou de mère et plus de
trois orphelins de père et de mère (1).

L'autorisation n'aura pas à être renouvelée trimestriellement en ce qui concerne les rentiers qui auront
déclaré vouloir se fixer définitivement en Italie et y toucher leur pension. Les paiements subséquents pourront,
dans ce cas, être effectués directement par la Caisse
nationale italienne sous sa responsabilité. Toutefois, en
cas de décès du rentier, le paiement du prorata d'arrérages dus au jour du décès, ne pourra avoir lieu qu'après
examen par la Caisse nationale française des retraites,
des documents produits par les représentants de la

____
(1) Loubat, *op. cit.*, nᵒˢ 995 et s.

victime à l'appui de leur réclamation (règlement du 20 déc. 1907, art. 3, §§ 3, 4 et 5).

La Caisse nationale française des retraites se libérera envers la Caisse nationale italienne par l'envoi trimestriel du montant des arrérages échus qu'elle eût payés en France (art. 6, § 1er, de l'arrangement).

Lorsque la quotité des rentes est devenue définitive par l'expiration du délai de revision (V. *suprà*, p. 170), la Caisse nationale française peut se libérer envers la Caisse nationale italienne par le versement en capital de la valeur actuelle des rentes d'après le tarif auquel elles ont été acquises. Ce capital est employé à la constitution d'une rente telle qu'elle résultera du tarif en vigueur pour la Caisse nationale italienne au moment du versement (art. 6, § 2, de l'arrangement).

Les demandes de versement doivent être produites à la Caisse nationale italienne de prévoyance par la Caisse nationale française au moins 15 jours avant l'expiration de chaque trimestre ; elles indiquent : 1° les noms, prénoms, profession et domicile des bénéficiaires ; les lieux et date de leur naissance ; 3° les dates des accidents ; 4° celles des décisions judiciaires allouant les rentes ; 5° la quotité définitive de ces rentes ; 6° les salaires d'après lesquels elles ont été liquidées et, le cas échéant, la réduction que l'accident aura fait subir au salaire ou à la capacité de travail ; 7° tous les éléments de calcul ayant servi à la détermination de la valeur des rentes en capital, au premier jour du trimestre suivant. Les pièces justificatives initialement produites à l'appui de la constitution de rente devront être représentées à l'appui de la demande de versement (règlement du **20** décembre 1907, art. **1**, §§ **1**, **2** et **3**).

Après vérification des calculs par la Caisse nationale italienne de prévoyance et, sur son acquiescement, la Caisse nationale française versera à la Caisse italienne le capital représentatif des rentes et sera, dès lors, libérée à l'égard des bénéficiaires. La Caisse italienne en appliquera le montant à la constitution, d'après son propre tarif, de rentes de même nature et de même durée, qui devront être servies dans les conditions spécifiées par la législation française. Cette Caisse notifiera aux bénéficiaires la quotité des rentes nouvelles auxquelles ils auront désormais droit et leur communiquera, sur leur demande, les éléments des calculs ayant servi à cette fixation (règlement du **20** déc. **1907**, art. **1**. §§ **4**, **5** et **6**).

Art. **7**. — *Mode de paiement en France des indemnités allouées en Italie à des ouvriers français.* — La loi italienne du 17 mars 1898 n'indemnise pas les victimes d'accidents ou leurs représentants au moyen de rentes viagères ou de pensions, mais par le paiement d'un capital qui varie suivant les conséquences de l'accident. Ce n'est que dans le cas d'incapacité permanente totale que l'indemnité est convertie en une rente viagère payable par la Caisse nationale de prévoyance pour la vieillesse et l'invalidité des ouvriers. L'article 7 de la convention a pour objet de régler le paiement en France de ces indemnités.

Lorsque le chef d'entreprise ou l'assureur italiens ont versé à la Caisse nationale italienne de prévoyance, les indemnités dues à des ouvriers français, cette Caisse leur envoie, sur leur demande, par mandats postaux, le montant des sommes qu'elle leur eût payées (art. 7 de l'arrangement, § 1er).

Les ouvriers français qui veulent se prévaloir de la disposition qui précède, doivent produire à la Caisse italienne de prévoyance une demande signée par eux ou dûment établie en leur nom, mentionnant : 1° leurs nom, prénoms, profession et domicile ; 2° la décision ou le titre ayant liquidé l'indemnité ; 3° les numéros du certificat de rente viagère délivré au titulaire ; 4° le montant des sommes réclamées et la date de leur exigibilité ; 5° la résidence où le paiement devra en être effectué. A cette demande sera joint un certificat de vie constatant l'existence du bénéficiaire au jour de l'échéance. Les bénéficiaires qui ont déclaré leur intention de recevoir périodiquement le montant de leur indemnité à la résidence indiquée, n'ont pas à renouveler leur demande à chaque échéance. Il leur suffit de produire leur certificat de vie aux échéances (règlement du 20 décembre 1907, art. 5).

En ce qui concerne les rentes dont la quotité est devenue définitive (expiration du délai de revision, qui est, en Italie, de deux ans à partir de l'accident), la Caisse peut se libérer par le versement à la Caisse nationale française des retraites, de leur valeur actuelle en capital, d'après le tarif auquel la rente a été acquise, et ce capital est employé à la constitution d'une rente dont la quotité résultera du tarif en vigueur pour la Caisse nationale française au moment du versement (art. **7** de l'arrangement, §§ **1** et **2**).

Les demandes de transfert des rentes doivent être faites à la Caisse nationale française des retraites pour la vieillesse par la Caisse nationale italienne de prévoyance, au moins quinze jours avant l'expiration de chaque trimestre. Elles doivent contenir les mêmes indications et être assorties des mêmes pièces que les demandes analogues adressées par la Caisse nationale française des retraites à la Caisse nationale italienne de prévoyance (V. ci-dessus, art. 6 de l'arrangement, § 2). Après vérification par la Caisse nationale française et sur son acquiescement, la Caisse italienne effectue le versement du capital représentatif des rentes et se trouve définitivement libérée à l'égard des bénéficiaires. La Caisse française emploie le capital versé à la constitution d'une nouvelle rente et en informe les bénéficiaires en leur offrant la communication des éléments des calculs ayant servi à la fixation de la rente (règlement du **20** déc. **1907**, art. **16**).

Quant aux indemnités allouées à la suite d'accidents mortels (capital égal à cinq fois le salaire annuel) survenus à des ouvriers français en Italie, elles peuvent être versées globalement à la Caisse des dépôts et consignations de France, qui en tient le montant à la disposition des intéressés, sous la justification de leurs droits (art. **7**, § **3**, de l'arrangement).

Le chef d'entreprise ou l'assureur italiens qui veulent user de cette faculté adressent au directeur général de la Caisse des dépôts et consignations, à Paris, le montant global de l'indemnité due aux ayants droit, en indiquant le taux du salaire qui a servi de base à la liquidation et le montant des indemnités journalières ou provisionnelles que pourrait avoir reçues la victime avant sa mort et qui devraient être déduites de l'indemnité définitive. Il produit, à l'appui de cet envoi, une copie de l'acte de décès de la victime et un bordereau contenant les noms, prénoms, professions et domicile des ayants droit ou des héritiers, avec, en regard, le montant des sommes revenant à chacun d'eux dans la répartition de l'indemnité. La Caisse des dépôts et consignations adresse quittance à l'envoyeur de la somme reçue, avise les intéressés du dépôt et paye à chaque ayant droit, sur la justification de son existence et de son identité, la somme indiquée par le chef d'entreprise ou l'assureur (règlement du 20 déc. 1907, art. 7).

Les paiements à faire aux victimes d'accidents ou à leurs représentants résidant ailleurs qu'en France ou en Italie, sont effectués soit par la Caisse italienne soit par la Caisse nationale française des retraites, dans les conditions déterminées par leur règlements respectifs pour les paiements à faire à leurs nationaux (règlement du 20 déc. 1907, art. 8).

Les transferts de capitaux prévus aux articles 6 et 7 de l'arrangement feront l'objet, à la fin de chaque mois, par la Caisse nationale française des retraites et par la Caisse nationale italienne de prévoyance, d'un décompte, appuyé des pièces justificatives, de toutes les sommes respectivement dues par l'une de ces caisses à l'autre. Après vérification contradictoire, la Caisse finalement débitrice se libérera immédiatement envers l'autre au moyen des mandats postaux dont il va être question (règlement du 20 déc. 1907, art. 9).

ART. 8. — *Mandats postaux*. — Les mandats postaux prévus au premier paragraphe de l'article 7, ainsi que les envois de fonds entre les caisses nationales des deux pays, font l'objet de mandats d'office dans les conditions spécifiées à l'article 5 de l'arrangement relatif aux transferts des fonds entre les caisses d'épargne ordinaires de ces pays.

ART. 9. — *Faculté pour les deux caisses de modifier leurs tarifs*. — Les deux caisses nationales gardent toujours le droit de modifier pour l'avenir leurs tarifs respectifs.

ART. 10. — *Exemption des taxes et avantages fiscaux accordés par la loi française*. — Aux termes de l'article 29 de la loi du 9 avril 1898, les procès-verbaux, certificats, actes de notoriété, significations, jugements et autres actes faits ou rendus en vertu et pour l'exécution de cette loi, sont délivrés gratuitement, visés pour timbre et enregistrés gratis lorsqu'il y a lieu à la formalité de l'enregistrement. L'article 10 de l'arrangement dispose que ces avantages s'appliqueront aux documents réclamés pour le paiement d'une indemnité conformément à la loi italienne et réciproquement.

Les ouvriers italiens victimes d'accidents en France bénéficient de plein droit de l'assistance judiciaire comme les ouvriers français, l'article 22 de la loi du 9 avril 1898 ne faisant aucune distinction entre Français et étrangers.

Les Italiens sont dispensés de la caution *judicatum solvi* en vertu de la Convention de La Haye du 17 juillet 1905.

ART. 11. — *Recours au fonds de garantie par un ouvrier italien ne résidant pas en France.* — On sait que, dans la législation française sur les accidents du travail, lorsque le chef d'entreprise ou l'assureur ne s'acquittent pas des indemnités mises à leur charge, en cas d'accident ayant entraîné la mort ou une incapacité permanente, le paiement en est assuré aux intéressés par la Caisse nationale des retraites pour la vieillesse au moyen d'un fonds spécial de garantie (loi du 9 avril 1898, art. 24). La victime qui veut recourir à ce fonds de garantie doit faire au maire de la commune de sa résidence une déclaration indiquant : 1° ses nom, prénoms, âge, nationalité, état civil, profession et domicile ; 2° les nom et domicile du chef d'entreprise débiteur ou la désignation de l'assureur ; 3° la nature de l'indemnité et le montant de la créance réclamée ; 4° la décision ayant fixé l'indemnité ; 5° le cas échéant, les nom, prénoms, profession et domicile du représentant légal du bénéficiaire. La déclaration doit indiquer aussi que le bénéficiaire a réclamé au débiteur le paiement de l'indemnité, que ce paiement n'a pu être obtenu et pour quels motifs. Le déclarant doit remettre, à l'appui de sa déclaration, toutes les pièces en sa possession de nature à justifier sa réclamation, et notamment la grosse, l'expédition ou la copie de la décision qui a fixé l'indemnité avec les certificats énoncés à l'article 548, C. proc. civ., établissant que cette décision est passée en force de chose jugée. La déclaration et les pièces sont transmises, dans les 24 heures, par le maire, à la Caisse des dépôts et consignations à Paris (décret du 28 février 1899, titre Ier, art. 1 à 11).

L'article 11 de l'arrangement dispose que dans le cas où un ouvrier italien ne résidant pas en France, ne recevrait pas les arrérages auxquels il a droit, et voudrait faire appel au fonds de garantie, les attributions dévolues au maire sont remplies à son égard par l'autorité consulaire italienne à Paris.

Les déclarations prévues par la législation française doivent être faites dans les mêmes formes, devant les maires italiens, et transmises par eux au consul général d'Italie à Paris, qui en opère la traduction et les adresse directement au directeur général de la Caisse des dépôts et consignations avec une demande de paiement par le fonds de garantie. Il joint à cette demande la certification de l'existence des rentiers, de la capacité et des pouvoirs des réclamants, et atteste, s'il s'agit de la réclamation d'un conjoint, que le bénéficiaire n'est pas remarié. Les sommes dues au bénéficiaire pourront être remises ou expédiées pour son compte au consul général d'Italie à Paris, qui en donnera quittance libératoire et les lui transmettra (règlement du 20 déc. 1907, art. 10).

Les correspondances, les formules imprimées et, en

général, les communications de toute nature entre les administrations et les caisses françaises et italiennes, sont rédigées en langue française (règlement du 20 décembre 1907, art. 11).

Art. 12. — *Faculté réciproque de suspension des effets de l'arrangement.* — Les Etats contractants se réservent la faculté, dans le cas de force majeure ou de circonstances graves, de suspendre en tout ou en partie les effets de l'arrangement, en ce qui concerne les services respectivement confiés aux caisses nationales des deux pays. Avis en devra être donné aux administrations compétentes de l'autre Etat par la voie diplomatique. L'avis fixera la date à partir de laquelle les dispositions relatives aux dits services cesseront d'avoir effet.

Art. 13. — *Mesures d'exécution de l'arrangement.* — Les administrations compétentes des deux pays déterminent de concert les justifications à produire dans les cas prévus par les articles 4, 5, 6 et 7, ainsi que les conditions d'application desdits articles aux victimes d'accidents ou à leurs représentants qui résident ailleurs qu'en France et en Italie. Elles arrêtent, en même temps, toutes les mesures de détail et d'ordre nécessaires pour l'exécution de l'arrangement. C'est ce qui a été fait par le règlement publié en France le 20 décembre 1907.

Art. 14. — *Mise en vigueur et durée de l'arrangement.* — La convention devait avoir force et valeur à partir du jour dont les deux États conviendraient, dès que la promulgation en aurait été faite d'après les lois particulières à chacun d'eux. Par une note additionnelle insérée au *Journal officiel* du 26 juillet 1907, il a été convenu que les articles 1, 2 et 3 entreraient en vigueur trois mois après la promulgation dans les deux pays. Or, la promulgation ayant eu lieu en France par décret du 13 juin 1907 (1), et, en Italie, le 1er août de la même année, les articles 1, 2 et 3 de l'arrangement sont devenus exécutoires trois mois après cette dernière date, c'est-à-dire le 1er novembre 1907.

Les articles 1, 6 et suivants ont été déclarés exécutoires par le règlement publié le 20 décembre 1907 (art. 12, § 1er), à partir du 1er janvier 1908.

Quant à l'article 5 (réassurance des risques d'indemnités dues aux ayants droit ne résidant pas en France d'ouvriers italiens) il ne devait devenir applicable qu'à l'époque ultérieurement déterminée par les administrations compétentes des deux pays, dès qu'elles auraient pu concerter les conditions de son exécution (règlement, art. 12, § 2). Le règlement du 1er décembre 1908 ayant pourvu à cette situation, la mise en vigueur de l'article 5 de l'arrangement a été fixée au 1er janvier 1909 par l'article 7 de ce règlement.

Sauf le cas prévu par la convention du 15 avril 1904 (faculté de dénonciation à toute époque, en faisant connaître son intention un an d'avance, si la législation sur le travail n'a pas été respectée par l'autre pays,

(1) *Journal officiel* du 21 juin 1907.

ou si le législateur a diminué la protection édictée en faveur des travailleurs), l'arrangement restera en vigueur pendant cinq années. Si les parties contractantes désirent y mettre fin à l'expiration de ce terme, elles devront se prévenir mutuellement une année d'avance. A défaut de cet avis, l'arrangement sera prorogé d'année en année pour un délai d'un an, par tacite reconduction (arrangement, art. 14, § 2).

Le règlement publié le 20 décembre 1907, a la même durée, sous réserve des modifications qui peuvent à toute époque y être apportées d'un commun accord par les administrations des deux pays (art. 12, § 1er).

ART. 15. — *Mesures transitoires en cas de dénonciation.* — Lorsque l'une des parties contractantes aura annoncé à l'autre son intention d'en faire cesser les effets, l'arrangement continuera d'être exécuté, en ce qui concerne les attributions dévolues aux autorités consulaires et les obligations ou facultés prévues par les Caisses nationales des deux pays, sauf le règlement des comptes alors en cours entre elles et le service de tous les arrérages des rentes dont elles auraient antérieurement reçu les capitaux constitutifs.

Ratification. — L'arrangement franco-italien a été ratifié par une loi du 3 juin 1907, promulguée au *Journal officiel* du 1. Cette ratification était nécessaire parce que l'article 8 de la convention contient, pour les mandats postaux ainsi que pour les envois de fonds une dérogation à l'arrangement international de Washington, analogue à celle qui figure dans l'article 5 de l'arrangement relatif aux transferts de fonds entre les caisses d'épargne ordinaires des deux pays.

§ 2. — Convention franco-belge du 21 février 1906

La France et la Belgique ont conclu, le 21 février 1906, une convention (Annexe IV) dont voici l'analyse :

ART 1er — *Assimilation des ouvriers belges aux ouvriers français et réciproquement.* — Les sujets belges, victimes d'accidents du travail en France, et leurs ayants droit, bénéficient des indemnités et des garanties attribuées aux citoyens français par la législation en vigueur sur les accidents du travail, et réciproquement. Si la législation belge ne fait aucune différence entre les ouvriers belges et les ouvriers étrangers, il en est autrement de la loi française du 9 avril 1898. L'article 1er de l'arrangement supprime cette différence et accorde, dans tous les cas, aux ouvriers belges victimes d'accidents en France, et à leurs représentants les mêmes droits qu'aux ouvriers français. Il est donc indifférent que les ouvriers belges et leurs représentants cessent de résider en France après l'accident ou que leurs représentants n'y résident pas au moment de l'accident ; ils ont toujours les mêmes droits que les ouvriers français et leurs représentants.

Nous avons déjà dit (*suprà*, p. 162) que les ouvriers étrangers ont droit aux mêmes garanties que les ouvriers français. Ce droit est assuré par la convention franco-belge aux ouvriers de nationalité belge, victimes d'accidents en France. Ces garanties consistent : 1° dans le privilège de l'article 2101, C. civil, pour la créance des frais médicaux, pharmaceutiques et funéraires et l'indemnité journalière ; 2° dans le recours au fonds de garantie pour les rentes et pensions, à défaut de paiement par le chef d'entreprise ou l'assurance.

D'autre part, la Caisse nationale des retraites pour la vieillesse qui paie les rentes ou pensions aux sujets belges, aux lieu et place du patron ou de l'assureur, a un recours contre le chef d'entreprise débiteur. En cas d'assurance, elle jouit du privilège de l'article 2102, C. civil, sur l'indemnité due par l'assureur, et n'a plus de recours contre le chef d'entreprise.

En Belgique, l'assurance auprès d'un établissement agréé libère complètement le chef d'entreprise. En l'absence de semblable assurance, la loi protège l'indemnité par une double garantie :

1° La victime ou ses représentants ont droit à un privilège spécial sur tout l'actif mobilier du chef d'entreprise. Ce privilège a reçu le cinquième rang dans l'article 17 de la loi du 16 décembre 1851 (ancien art. 2101, C. civ.), et vient après : 1° les frais de justice faits dans l'intérêt commun des créanciers ; 2° les frais funéraires ; 3° les frais de dernière maladie pendant un an ; 4° les salaires des gens de service, appointements, remises ou commissions et salaires des ouvriers.

2° Le chef d'entreprise ou l'assureur est tenu de constituer le capital des rentes en mains de la Caisse générale d'épargne et de retraite ou de tout autre établissement agréé, ou à fournir des garanties équivalentes.

3° L'article 20 de la loi du 21 décembre 1903 a institué un fonds de garantie contre l'insolvabilité des chefs d'entreprise non assurés par un établissement agréé ou dispensés du paiement des cotisations au fonds de garantie.

Ce fonds ne garantit que les indemnités dues par les chefs d'entreprise non assurés ou assurés à un établissement non agréé. Les indemnités dues par les assureurs agréés ne sont pas garanties, de manière que si un établissement d'assurance agréé est déclaré en faillite, la victime n'a aucun recours contre le fonds de garantie.

Les indemnités au paiement desquelles le fonds de garantie pourvoit, sont toutes celles qui dérivent de la loi du 21 décembre 1903 : allocations quotidiennes ou annuelles, rentes viagères et capitaux représentatifs de ces rentes, provisions, frais médicaux, pharmaceutiques et funéraires.

Les ouvriers français victimes d'accidents en Belgique, jouiront de ces diverses garanties comme les ouvriers de nationalité belge. Ainsi qu'on l'a vu, ils ne seront pas tout à fait aussi favorisés que les ouvriers belges victimes d'accidents en France, dont les indemnités sont toujours garanties par le fonds spécial, tandis qu'en Belgique, cette garantie n'existe pas lorsque le chef d'entreprise est assuré à un assureur agréé.

L'article 1er de l'arrangement ne concerne que les ouvriers de nationalité française et ceux de nationalité belge. Ainsi un Français ou un Belge qui auraient perdu leur nationalité par la naturalisation à l'étranger, n'auraient pas le droit de se prévaloir du traité (1).

Bien que l'arrangement n'en fasse aucune mention, les ouvriers belges et leurs représentants, même ne résidant pas en France y jouissent, comme les ouvriers français, du droit de demander la revision dans le délai légal, et le chef d'entreprise a le droit de la demander contre eux (V. *suprà*, p. 111).

ART. 2. — *Ouvriers détachés à titre temporaire en France ou en Belgique; applicabilité de la loi du siège de l'entreprise.* — L'article 1er que nous venons d'analyser, pose en principe l'application aux ouvriers belges et français de la loi du pays où a eu lieu l'accident. A cette règle, l'article 2 fait une exception en faveur : 1º des ouvriers détachés, à titre temporaire et depuis moins de six mois, dans l'un des deux Etats, par une entreprise ayant son siège dans l'autre Etat ; 2º des ouvriers attachés à des entreprises de transport et occupés de façon intermittente, même habituelle, dans le pays autre que celui où ces entreprises ont leur siège. « En vue d'obvier à des inconvénients d'ordre pratique et de prévenir les contestations pouvant naître du conflit des lois, dit l'exposé des motifs, l'article 2 de la convention détermine d'une manière précise la législation qu'il conviendra d'appliquer lorsque des ouvriers d'une entreprise située dans l'un des deux pays, sont temporairement détachés sur le territoire de l'autre pays ou lorsque des travailleurs de l'industrie des transports

(1) Bruxelles, 31 mars 1906, *Pasicrisie belge*, 1906. 2. 28. Conf. Demeur, *op. cit.*, t. II, nº 1205, p. 306.

sont occupés d'une façon intermittente, même habituelle, dans le pays autre que celui où l'entreprise a son siège ». Dans ces deux cas, la législation du pays où est situé le siège de l'entreprise devient applicable.

Sous les réserves que nous avons présentées (chapitre II) sur la légalité de cette disposition, nous renvoyons le lecteur à l'application que nous en avons faite aux ouvriers belges (*suprà*, p. 55) et aux ouvriers français (*suprà*, p. 19).

Ajoutons toutefois qu'à la différence de l'article 1er, ce texte vise non seulement les ouvriers de nationalité belge, mais toute personne, sans distinction de nationalité, détachée temporairement en France par une entreprise belge et *vice versâ*.

ART. 3. — *Exemptions fiscales.* — Les exemptions prononcées en matière de timbre, de greffe et d'enregistrement et la délivrance gratuite stipulée par la législation sur les accidents du travail de l'un des deux États contractants, sont étendues aux actes, certificats et documents visés par cette législation, qui sont passés ou délivrés aux fins d'exécution de la loi de l'autre État.

Les exemptions prononcées en France, sont déterminées par l'article 29 de la loi du 9 avril 1898, qui est ainsi conçu : « Les procès-verbaux, certificats, actes de notoriété, significations, jugements et autres actes faits ou rendus en vertu et pour l'exécution de la présente loi, sont délivrés gratuitement, visés pour timbre et enregistrés gratis lorsqu'il y a lieu à la formalité de l'enregistrement ». Les ouvriers belges blessés en

France, et leurs représentants bénéficient de ces avantages.

Ils jouissent aussi de plein droit de l'assistance judiciaire pour les instances fondées sur l'application de la loi du 9 avril 1898 (1), attendu que l'article 22 de cette loi ne fait aucune distinction quant à la nationalité des victimes.

Enfin, les ouvriers belges sont dispensés, en France, de la caution *judicatum solvi*, tant par la Convention de La Haye du 14 novembre 1896, que par celle du 17 juillet 1905.

Les exemptions prononcées en Belgique, sont énumérées dans les articles 32 et 33 de la loi du 24 décembre 1903, dont voici le texte :

« ART. 32. — Sont exempts du timbre et du droit de greffe et sont enregistrés gratis lorsqu'il y a lieu à la formalité de l'enregistrement, tous les actes volontaires et de juridiction gracieuse relatifs à l'exécution de la présente loi.

« ART. 33. — Sont délivrés gratuitement tous certificats, actes de notoriété et autres dont la production peut être exigée, pour l'exécution de la présente loi, par la Caisse générale d'épargne et de retraite et par les caisses communes d'assurances agréées. »

Ces exemptions ne préjudicient d'ailleurs nullement à l'application de la loi sur l'assistance judiciaire et la procédure gratuite (2). Les ouvriers français victimes

(1) Loubat, *op. cit.*, t. I, n° 1916, p. 700.
(2) Demeur, *Le Risque professionnel*. n° 1066, p. 890.

d'accidents du travail en Belgique, y bénéficient de l'assistance judiciaire comme les ouvriers belges.

ART. 4. — *Promesse de mutuel appui pour l'exécution des lois sur les accidents du travail.* — Cet article dispose que les autorités belges et françaises se prêteront mutuellement leurs bons offices en vue de faciliter de part et d'autre l'exécution des lois relatives aux accidents du travail.

ART. 5. — *Ratification, mise en vigueur, durée.* — La convention doit être ratifiée et les ratifications devront être échangées à Paris. Par application de cette disposition, l'arrangement a été approuvé, en Belgique, par la loi du 31 mars 1906, publiée au *Moniteur* du 11 juin suivant. Les ratifications ayant été échangées à Paris, le 7 juin 1906, la convention a été mise en vigueur en France par décret du 12 du même mois, publié au *Journal officiel* du 14.

Aux termes du deuxième alinéa de l'article 5, la convention est entrée en vigueur en Belgique et en France, un mois après sa publication dans les deux pays, suivant les formes prescrites par leur législation respective, c'est-à-dire le 11 juillet 1906.

Ce que nous avons dit (*suprà*, p. 172) de la non-rétroactivité de l'arrangement franco-italien s'applique entièrement à l'arrangement franco-belge (1).

A la différence de l'arrangement franco-italien, aucune durée n'est fixée à l'arrangement franco-belge. Il peut être toujours dénoncé. En cas de dénonciation,

(1) Nancy, 8 février 1908, précité.

il restera en vigueur jusqu'à l'expiration d'une année, à partir du jour où l'une ou l'autre des parties contractantes l'aura dénoncé.

Enfin, de même que l'arrangement franco-italien, la convention franco-belge, bien que n'ayant pas été approuvée par une loi, est d'ordre public et obligatoire.

§ 3. — Convention franco-luxembourgeoise
du 27 juin 1906

Une convention a été signée le **27 juin 1906** entre la France et le grand-duché de Luxembourg (Annexe V). Elle est exactement identique à la convention franco-belge, sauf cette différence insignifiante que, dans le second alinéa de l'article 1er de la première, on lit : « les sujets français » au lieu de « les citoyens français ».

Cet arrangement a été rendu exécutoire en France par un décret du 10 novembre 1906, publié au *Journal officiel* du 13 du même mois.

§ 4. — Entente franco-allemande relative aux commissions rogatoires concernant l'exécution de la législation sur les accidents du travail.

Le Bulletin officiel de l'Office impérial allemand des assurances (*Amtliche Nachrichten des Reichsversicherungsamts*) du 13 octobre 1906, a publié un avis de la division des assurances contre les accidents de l'Office impérial des assurances concernant le règlement des commissions rogatoires entre la France et l'Allemagne.

Il résulte de cet avis que l'ambassadeur de France ayant transmis au secrétaire d'État impérial des Affaires étrangères, qui l'avait accueillie favorablement, une commission rogatoire d'un juge de paix français tendant à l'audition des témoins en Allemagne dans une affaire d'accident du travail, l'ambassadeur de France a fait connaître que le gouvernement français s'est déclaré disposé, à titre de réciprocité, à assurer, dans les mêmes conditions que les mandats émanés de tribunaux français, l'exécution en France des mandats judiciaires émanés des offices et autorités publiques qui accomplissent, en vertu de la législation allemande sur les accidents du travail, les diverses procédures confiées dans le droit français aux autorités judiciaires, sous cette réserve que ces commissions rogatoires rentrent en France dans les attributions de l'autorité judiciaire.

§ 5. — Convention franco-anglaise du 3 juillet 1909

La France et l'Angleterre ont signé le 3 juillet 1909 une convention réglant la situation des ouvriers français victimes d'accidents en Angleterre et des ouvriers anglais victimes d'accidents en France. Pour l'intelligence de cette convention, il est nécessaire de donner quelques explications préliminaires sur l'économie de la législation anglaise régissant les accidents du travail.

La loi du 6 août 1897 (1) dont l'application a été étendue à l'agriculture par la loi du 30 juillet 1900 (2) et modifiée par la loi du 21 décembre 1906 (3), ne fait aucune distinction entre les ouvriers anglais et étrangers victimes d'accidents en Angleterre.

Le taux des indemnités est le suivant :

1° En cas de décès :

a) Si l'ouvrier laisse des ayants droit dont la subsistance dépend en totalité de son salaire à l'époque de son décès, une somme égale au salaire des trois années précédant l'accident, sans que cette somme puisse être inférieure à 150 livres sterling, ni supérieure à 300, et sous déduction du montant de tout versement hebdomadaire, effectué à raison d'une incapacité permanente ;

b) Si l'ouvrier ne laisse que des ayants droit dont la subsistance dépend en partie de son salaire, une somme n'excédant, en aucun cas, le montant exigible en vertu des dispositions qui précèdent et déterminé soit à l'amiable, soit à défaut d'accord, par voie d'arbitrage, à un taux raisonnable et proportionné au dommage éprouvé ;

c) S'il ne laisse pas d'ayants droit, la valeur des dépenses pour frais médicaux et funéraires jusqu'à concurrence de 10 livres sterling au maximum.

2° En cas d'incapacité de travail totale ou partielle :

Un versement hebdomadaire pendant la durée de l'incapacité, à partir de l'expiration de la deuxième

---

(1) Bellom, op. cit. II, 1re part., Supplément, p. 1991.
(2) Bellom, op. cit., II, Supplément (suite), p. 2867.
(3) Bulletin de l'Office du travail, 1908, p. 173.

semaine, jusqu'à concurrence de 50 0/0 du salaire hebdomadaire moyen, pendant les douze mois précédents, s'il a été occupé pendant une période de cette durée, et sinon, durant la période moindre pendant laquelle il a été au service du même patron, sans que ce versement puisse excéder une livre sterling (1re annexe à la loi du 6 août 1897, art. 1er).

En cas de décès, le versement de la somme due est effectué, soit directement, soit par l'intermédiaire du représentant légal de l'ouvrier, entre les mains ou au profit des ayants droit de la victime (annexe I, art. 1).

La somme allouée à un ayant droit peut, soit par décision amiable, soit après injonction du comité ou d'un arbitre, être placée ou employée autrement au profit des bénéficiaires (annexe I, art. 6).

La somme dont le placement a été décidé à l'amiable ou par sentence arbitrale, peut être placée en totalité ou en partie, à la Caisse d'épargne postale par le greffier de la cour du comté soit par l'achat de titres de la Dette nationale, soit par la constitution d'un dépôt, au nom du greffier, accepté par le directeur général des postes. Le paiement d'une partie de la somme déposée au nom du greffier ne doit, du reste, être effectué que sur une autorisation de la Trésorerie ou du juge de la cour du comté (annexe I, art. 7, 8 et 9).

Le versement hebdomadaire dû à raison d'une incapacité permanente, peut, lorsqu'il a été continué pendant une période de six mois, et sur la demande du patron, être racheté par le paiement d'une somme unique, qui doit être, à défaut d'accord amiable, fixée par voie d'arbitrage ; le comité ou l'arbitre peut ordonner le placement ou un autre emploi de cette somme (Annexe I, art. 13).

Les indemnités qui précèdent sont réglées de la manière suivante :

S'il existe un comité d'arbitrage institué pour un patron et ses ouvriers, la contestation, sauf objection de l'une des parties notifiée avant que le comité se réunisse pour l'examen de l'affaire, est, au gré du comité, réglée par celui-ci ou renvoyée par lui. En cas, soit d'opposition de l'une des parties, soit d'absence de comité d'arbitrage, soit de renvoi de l'affaire par le comité, soit d'absence de décision de ce dernier, pendant la période de trois mois qui suit la demande, la contestation est soumise à un arbitre unique agréé par les parties, ou à défaut d'accord, au juge de la cour de comté, ou, sur l'avis du lord chancelier, à un arbitre unique désigné par le juge de la cour de comté (Annexe II, art. 1 et 2) (1). Mais nous verrons qu'en ce qui concerne les ouvriers français victimes d'accidents du travail en Angleterre, la loi anglaise a été modifiée sur ce point, comme sur quelque autres, et que les indemnités doivent toujours être allouées par la cour de comté.

(1) Bellom, *op. cit.*, 4e part., *Supplément*, p. 2026 et s.

Analyse de la convention du 3 juillet 1909

Art. 1er. — *Assimilation des ouvriers anglais aux ouvriers français et réciproquement.* — Les sujets britanniques victimes d'accidents du travail en France, ainsi que leurs ayants droit, sont admis au bénéfice des indemnités et des garanties attribuées aux citoyens français par la législation en vigueur sur les responsabilités des accidents du travail.

Réciproquement, les citoyens français victimes d'accidents du travail dans le royaume anglais, ainsi que leurs représentants, jouissent des indemnités et des garanties attribuées aux sujets britanniques par la législation en vigueur sur la réparation des dommages résultant des accidents du travail, complétés à leur égard, dans les conditions spécifiées à l'article 5.

Sauf la disposition finale, ce texte est la reproduction de l'article 1er des traités franco-belge et franco-luxembourgeois. Il contient l'assimilation complète des ouvriers des deux pays. Du reste, la législation anglaise ne fait aucune différence entre les ouvriers anglais et les ouvriers étrangers victimes d'accidents du travail. Le traité confère le même avantage aux ouvriers anglais victimes d'accidents en France, et à leurs représentants. Les dispositions restrictives de la loi française envers les ouvriers étrangers ne sont donc plus applicables aux ouvriers anglais et à leurs ayants droit : qu'ils cessent de résider en France après l'accident ou qu'ils n'y résident pas au moment de l'accident, ils ont droit, dans tous les cas, aux mêmes indemnités et garanties que les ouvriers français.

Comme les traités franco-italien, franco-belge et franco-luxembourgeois, le traité franco-anglais ne stipule l'assimilation qu'entre ouvriers de nationalité française et de nationalité anglaise. Par suite, un ouvrier ayant perdu la nationalité anglaise et victime d'un accident du travail en France ne pourrait pas se prévaloir du traité.

Les ouvriers anglais bénéficient de plein droit de l'assistance judiciaire comme tous les autres ouvriers étrangers. Ils sont aussi dispensés de la caution *judicatum solvi*, bien que l'Angleterre n'ait pas adhéré à la Convention de La Haye du 17 juillet 1909, l'action d'ordre public, basée sur la loi du 9 avril 1898, ne paraissant pas pouvoir être subordonnée à la production d'une caution (*suprà*, p. 110)

Arr. 2. — *Ouvriers détachés à titre temporaire en Angleterre ou en France, applicabilité de la loi du pays de l'entreprise.* — La législation de l'État où l'accident est arrivé, n'est pas applicable aux personnes détachées temporairement d'une entreprise établie dans l'autre État, et occupées depuis moins de six mois sur le territoire du pays où l'accident est survenu. Dans ce cas, la victime n'a droit qu'aux indemnités et garanties prévues par la législation de l'État où est le siège de l'entreprise.

Dans cet article, le traité stipule, comme les traités franco-belges et franco-luxembourgeois, une dérogation à la territorialité de la loi, en faveur des ouvriers détachés provisoirement et depuis moins de six mois en Angleterre, par une entreprise située en France et réciproquement. C'est la loi du pays où est le siège de l'entreprise, qui leur est applicable. Il ne suffirait pas que la victime eût été envoyée travailler temporairement dans le pays où l'accident est arrivé, si elle y était occupée depuis plus de six mois. Dans ce cas, la règle de la territorialité reprendrait son empire.

Ici, la nationalité de l'ouvrier détaché importe peu. Tous les ouvriers détachés temporairement et depuis moins de six mois en France, par une entreprise ayant son siège en Angleterre, restent régis par la loi anglaise, quelle que soit leur nationalité, et *vice versâ*. Ainsi un ouvrier allemand envoyé en France à titre provisoire et depuis moins de six mois, par une entreprise ayant son siège en Angleterre, restera soumis, en cas d'accident du travail, à la législation anglaise.

Les dispositions de l'article 3 s'appliquent aux personnes attachées à des entreprises de transport et occupées de façon intermittente, même habituelle, dans le pays autre que celui où les entreprises ont leur siège. Ceci ne peut s'entendre que des ouvriers et employés occupés à terre dans les compagnies de navigation faisant le service entre la France et l'Angleterre, les ouvriers et employés occupés à bord des navires étant régis par la loi spéciale aux ouvriers marins du 30 décembre 1905.

Art. 3. — *Obligation de mutuel appui pour l'exécution des lois sur les accidents du travail. —* Les autorités

françaises et britanniques se prêteront mutuellement leurs bons offices en vue de faciliter de part et d'autre l'exécution des lois relatives aux accidents du travail.

ART. 4. — *Ratification, mise en vigueur, durée.* — Cet article porte que la convention doit être ratifiée à Paris le plus tôt possible. Cette ratification n'a pas encore eu lieu ; mais elle est imminente.

La convention est applicable en France et en Angleterre à tous les accidents survenus un mois après sa publication dans les deux pays, suivant la forme prescrite par leur législation respective.

Elle peut toujours être dénoncée. Dans ce cas, elle demeure obligatoire jusqu'à l'expiration d'une année à partir du jour où elle a été dénoncée par l'une ou l'autre des parties contractantes.

ART. 5. — *Conditions de la ratification ; modifications à la loi anglaise.* — La ratification a été subordonnée à la condition que la législation anglaise sur les accidents du travail serait complétée, en ce qui concerne les accidents arrivés à des Français, par des dispositions spécifiant :

1° Que les indemnités seront, dans tous les cas, obligatoirement fixées par la cour de comté et non par voie d'arbitrage ;

2° Qu'en cas de rachat de ces indemnités, la somme due, toutes les fois qu'elle représentera le capital constitutif d'une rente supérieure à 100 francs (4 L.), devra être versée à la cour, pour être employée, par

ses soins, à la constitution d'une rente viagère au profit des bénéficiaires ; nous avons vu, en effet, qu'en cas
d'incapacité permanente, le versement hebdomadaire
peut être racheté par le paiement d'une somme unique ;

3° Que, dans le cas où le capital représentatif de
l'indemnité aura été versé par le chef de l'entreprise à
la cour de comté, le montant dû à la victime ou à ses
représentants sera, si la victime revient résider en
France, ou bien si ses représentants y résidaient au
moment de sa mort ou reviennent y résider ultérieurement, versé à la Caisse nationale des retraites pour la
vieillesse, qui en emploiera le montant à la constitution
de rentes, d'après son tarif, au moment du versement,
et que, dans le cas où le capital n'aura pas été versé à
la cour et où la victime reviendra résider en France,
l'indemnité sera remise au bénéficiaire par les soins de
la cour à des époques et dans les conditions dont conviendront les administrations compétentes des deux
pays ;

4° Que, pour tous les actes accomplis par la cour de
comté en vertu de la législation sur les accidents du
travail aussi bien qu'en exécution de la convention,
les Français seront exempts de tous frais, impôts et
taxes ;

5° Qu'il sera produit, au début de chaque année, au
Département du travail et de la prévoyance sociale,
par le principal secrétaire d'État de Sa Majesté britannique pour le « Home Department », copie de toutes
les décisions judiciaires rendues pendant l'année précédente, à la suite des accidents survenus à des Fran-

çais dans le Royaume-Uni de la Grande-Bretagne et d'Irlande.

La législation anglaise a été complétée dans ce sens par un acte du 20 octobre 1909 et un ordre du Conseil du 22 novembre suivant.

§ 6. — Convention belgo-luxembourgeoise du 22 mai 1906.

Une convention a été conclue entre la Belgique et le Grand-Duché de Luxembourg, le 15 avril 1905, et complétée le 22 mai 1906. Elle reproduit le plus grand nombre des dispositions de la convention franco-luxembourgeoise (Annexe VII). En voici le résumé :

ART. 1er. — *Assimilation des ouvriers belges victimes d'accidents en Luxembourg et de leurs ayants droit aux ouvriers luxembourgeois et inversement.* — Cet article est identique à l'article 1er de la convention franco luxembourgeoise, sauf quelques différences de texte insignifiantes.

Toutes les observations que nous avons présentées au sujet du texte franco-luxembourgeois sont applicables à celui-ci.

ART. 2. — *Ouvriers occupés temporairement en Belgique ou dans le Grand-Duché.* — Cet article contient, comme celui des conventions franco-belge et franco-luxembourgeoise, une dérogation à la règle de l'applicabilité de la loi du pays où l'accident a eu lieu, posée dans l'article premier. Cette exception est édictée en faveur des ouvriers, sans distinction de nationalité, qui sont occupés transitoirement et pendant six mois au plus, sur le territoire de celui des deux États où l'accident est survenu, mais qui sont attachés à une entreprise située sur le territoire de l'autre État. Dans ce cas, c'est la législation de l'État où est située l'entreprise qui est applicable (V. *suprà.* p. 197).

Quoique différant sensiblement par sa rédaction de l'article 2 des conventions franco-belge et franco-luxembourgeoise, ce texte concerne, lui aussi, les ouvriers détachés d'un pays dans l'autre.. En effet, il vise les ouvriers « qui sont occupés passagèrement.... sur le territoire de celui des deux États... où l'accident est arrivé, mais qui sont attachés à une entreprise située sur le territoire de l'autre État ». Or, les ouvriers attachés à une entreprise dans un pays et travaillant passagèrement dans un autre, sont bien des ouvriers détachés à l'étranger (1).

Une autre différence de rédaction consiste dans la mention expresse que le texte s'applique à tous les ouvriers détachés d'un État dans l'autre, *sans distinction de nationalité.*

Enfin il y a, entre l'article 2 de la convention belgo-luxembourgeoise et les autres, une différence de fond importante. Elle concerne la durée de l'occupation de l'ouvrier détaché. Le texte vise, en effet, les ouvriers « occupés passagèrement, c'est-à-dire pendant six mois au plus ». Il s'agit donc des ouvriers détachés pour un temps qui ne doit pas excéder six mois. Dès lors, un ouvrier détaché pour plus de six mois ne bénéficiera

____

(1) *Contrà,* Demeur, *op. cit.,* t. II, n° 1115, p. 311.

pas de cette disposition alors même qu'il sera occupé dans le pays depuis moins de six mois au moment de l'accident. Au contraire, dans les arrangements franco-belge et franco-luxembourgeois, la durée de la mission temporaire de l'ouvrier détaché n'est pas fixée ; il suffit qu'elle soit temporaire et que la victime soit occupée dans le pays depuis moins de six mois, le jour de l'accident (V. *suprà*, p. 197).

Une convention complémentaire du 22 mai 1906 (annexe VII) a ajouté à l'article 2 un second alinéa qui est la reproduction textuelle du deuxième alinéa de l'article 2 des accords franco-belge et franco-luxembourgeois : « Il en sera de même pour les personnes attachées à des entreprises de transport et occupées de façon intermittente, même habituelle, dans le pays autre que celui où les entreprises ont leur siège (V. *suprà*, p. 197).

ART. 3. — *Suspension des dispositions restrictives de la loi luxembourgeoise relativement aux ayants droit de nationalité belge.* — Cet article suspend expressément au profit des ayants droit de nationalité belge, les dispositions de l'article 48, n° 2, et de l'article 49, alinéa 1, de la loi luxembourgeoise du 5 avril 1902.

La loi luxembourgeoise, comme la loi française, édicte contre les ayants droit étrangers, les déchéances suivantes :

« ART. 48. — Le droit de toucher la pension est suspendu.... 2° pendant tout le temps que l'ayant droit étranger ne réside pas dans le Grand-Duché. L'effet de cette disposition peut être suspendu par le gouvernement.

« Si, dans les cas susdits, l'ayant droit a des parents qui, lors de son décès, auraient droit à la pension, celle-ci sera versée à ces derniers jusqu'à concurrence de leurs droits éventuels.

« Les parents ne résidant pas dans le Grand-Duché ne peuvent jouir de cette attribution de pension, à moins d'une dispense spéciale du gouvernement »,

« ART. 49, al. 1 et 5. — Les étrangers qui quittent le Grand-Duché sans esprit de retour peuvent être désintéressés par le paiement unique et intégral d'un capital égal au triple de la rente annuelle.

« Le gouvernement peut suspendre l'application de cette disposition ».

La loi belge ne fait, au contraire, aucune différence entre les Belges et les étrangers. L'égalité est établie par le traité entre ouvriers belges et luxembourgeois. Désormais les ayants droit de nationalité belge jouiront, dans le Grand-Duché de Luxembourg, des mêmes avantages que les nationaux.

.ART. 1. — *Applicabilité des articles 1, 2 et 3 ci-dessus aux personnes assimilées aux ouvriers.* — Les dispositions des articles 1, 2 et 3 de la convention s'appliquent aux personnes que les lois de chacun des Etats contractants assimilent aux ouvriers, en ce qui concerne la réparation des dommages résultant des accidents du travail.

Ce texte a en vue les apprentis que la loi belge du

21 décembre 1903 (art. 1er, § 2) assimile aux ouvriers et employés techniques.

La loi luxembourgeoise contient, de son côté, certaines dispositions établissant de véritables assimilations :

Elle assujettit à l'assurance obligatoire non seulement les ouvriers, mais les emplo d'exploitation, contremaîtres et techniciens dont le salaire ou traitement annuel est inférieur à 3.000 francs (art. 1er, § 2). De plus, les services domestiques ou autres que le patron ou ses préposés peuvent exiger de l'ouvrier, en dehors des occupations professionnelles de celui-ci, donnent lieu à l'application de l'assurance obligatoire (art. 2, § 3).

Enfin l'assurance peut être étendue par les statuts de l'association d'assurance :

1° Aux employés d'exploitation, contremaîtres et techniciens, d'un salaire ou traitement annuel supé- à 3.000 francs ;

2° Aux entrepreneurs eux-mêmes, alors même qu'ils n'occupent pas régulièrement un ouvrier au moins :

3° Aux personnes non assujetties qui se trouvent à titre temporaire dans les locaux d'exploitation sans être à proprement parler occupées dans l'exploitation, par exemple, les employés de bureau, les volontaires, les membres de la famille de l'entrepreneur ou de son personnel assujetti, et cela jusqu'à concurrence d'une rémunération annuelle de 1.500 francs (1).

____

(1) Bellom, *op. cit.*, 6e partie, *Supplément*, p. 3755.

Tous ces assimilés bénéficieront des dispositions du traité.

ART. 5. — *Exemptions fiscales.* — Les exemptions prononcées en matière de timbre, de greffe et d'enregistrement, et la délivrance gratuite stipulée par la législation belge sur les accidents du travail, sont étendues aux actes, certificats et documents visés par cette législation, qui seront passés ou délivrés aux fins d'exécution de la loi luxembourgeoise et réciproquement.

Nous avons déjà énuméré (*suprà*, p. 199) les exemptions accordées par la loi belge. Celles que contient la loi luxembourgeoise (art. 52, §§ 3 et 4) sont les suivantes :

1° L'association d'assurance et les ayants droit à l'indemnité jouissent de plein droit du bénéfice de l'assistance judiciaire tant pour les instances devant le tribunal arbitral et la cour supérieure que pour les actes d'exécution mobilière et immobilière et les contestations incidentes à l'exécution des décisions judiciaires.

2° L'enregistrement de tous actes, jugements et arrêts relatifs aux instances dont il s'agit, a lieu gratis. Cette exemption s'applique également aux droits de timbre et de greffe, à l'exception toutefois des salaires des greffiers (1).

ART. 6. — *Promesse d'un mutuel appui des deux Etats.* — Les autorités belges et luxembourgeoises

(1) Bellom, *op. cit.*, p. 378.

doivent se prêter mutuellement leurs bons offices en vue de faciliter l'exécution des lois relatives aux accidents du travail.

ART. 7. — *Ratification ; entrée en vigueur ; durée.* — La convention doit être ratifiée et les ratifications doivent être échangées à Bruxelles.

L'entrée en vigueur est fixée après le dixième jour suivant la publication dans les formes prescrites par la législation des deux pays. Or, la convention du 15 avril 1905 a été publiée, en Belgique, au *Moniteur* des 30-31 octobre 1905 et, en Luxembourg, au *Mémorial* du même jour ; elle a donc pris force et valeur le 11 novembre 1905. La convention additionnelle du 22 mai 1906 ayant été publiée, en Belgique, au *Moniteur* des 21-22 janvier 1907 et, en Luxembourg, au *Mémorial* du même jour, a été mise en vigueur le 2 février 1907.

La convention est obligatoire jusqu'à l'expiration d'une année à partir du jour où l'une ou l'autre des parties contractantes l'aura dénoncée.

§ 9. — Arrangement entre l'Allemagne et le Grand-Duché de Luxembourg, du 2 septembre 1905.

Le 2 septembre 1905, ont été signés, entre l'Allemagne et le Grand-Duché de Luxembourg, deux arrangements (annexes IX et IX *bis*) dont l'économie est la suivante :

ART. 1er. — *Applicabilité aux exploitations tempo-*

raires de la législation de l'État dans lequel l'entreprise a son siège. — A défaut d'autres accords intervenus entre les établissements d'assurance intéressés des deux États, et ratifiés par le gouvernement grand-ducal et le chancelier de l'Empire allemand, les exploitations assurées obligatoirement d'après les lois d'assurance-accidents des deux États (exception faite pour les exploitations agricoles et forestières) sont soumises, en ce qui concerne les personnes employées dans la partie de l'exploitation qui étend passagèrement son activité sur le territoire de l'autre État et pour la durée de leur emploi, à l'assurance-accidents et à la législation de l'État dans lequel se trouve le siège de la principale entreprise ou de l'entreprise totale.

On ne doit considérer comme « partie d'exploitation étendant passagèrement son activité sur le territoire de l'autre État » contractant, que celle dont la durée probable ne dépasse pas six mois. Pour chaque partie de l'exploitation, ce laps de temps est compté séparément.

Doivent être aussi considérés comme occupés passagèrement : le personnel des chemins de fer qui franchit la frontière avec les trains qui la traversent, et les employés qui, tout en conservant leur domicile dans le pays où ils exercent habituellement leurs fonctions, sont, en cas d'urgence, envoyés pour moins de six mois sur le territoire de l'autre État, à titre de suppléants et pour les besoins du service.

Cette disposition trace les règles d'interprétation de l'article 3 de la loi luxembourgeoise du 12 mai 1905

(V. *suprà*, p. 20) et de l'article 4 de la loi allemande du 30 juin 1900.

Il s'agit uniquement dans ce texte et dans le traité tout entier, des parties d'exploitation s'étendant passagèrement, et pour six mois au plus, dans l'un des deux États et dont la partie principale et totale se trouve dans l'autre. A la différence des conventions franco-belge, franco-luxembourgeoise et belgo-luxembourgeoise, c'est la durée de l'exploitation qui est ici le criterium et non la durée de l'occupation de la victime.

Les entreprises temporaires dont la durée ne dépasse pas six mois, restent assurées dans le pays où se trouve le siège principal de l'établissement. Ainsi se trouvent évitées les doubles cotisations qui frapperaient principalement les maisons allemandes travaillant passagèrement dans le grand-duché et qui sont plus nombreuses (30 à 40) que les entreprises luxembourgeoises travaillant passagèrement en Allemagne (3 à 5). Par contre, l'association d'assurance contre les accidents dans le grand-duché, se trouve dispensée de supporter les conséquences des accidents arrivés, sur le territoire de cet État, aux ouvriers engagés par ces maisons allemandes.

L'article premier de l'arrangement vise aussi : 1° les employés des chemins de fer qui franchissent la frontière avec les trains ; 2° ceux qui, en cas d'urgence, sont délégués pour moins de six mois sur le territoire de l'autre État, sans perdre leur domicile dans le pays où ils exercent habituellement leurs fonctions. Ces deux catégories d'employés restent soumises à la loi du pays où se trouve le siège de l'entreprise.

Art. 2. — *Compétence en cas de contestation sur l'applicabilité des lois d'assurance-accidents de l'un ou de l'autre Etat.* — Par dérogation aux articles 45, 57 et 59 de la loi luxembourgeoise du 5 avril 1902, s'il s'élève des doutes sur le point de savoir si les lois d'assurance-accidents de l'un ou de l'autre Etat doivent être appliquées (à défaut d'entente entre les assureurs des deux pays entre eux et avec l'entrepreneur de l'exploitation et aussi en cas de procédure d'indemnité avec l'ayant droit), les autorités de l'Etat dans lequel ont été accomplis les travaux temporaires, tranchent la difficulté en dernier ressort. Dans le grand-duché, cette autorité n'est autre que le gouvernement grand-ducal; dans l'Empire allemand, c'est l'Office impérial des assurances.

La décision ainsi rendue est obligatoire pour les assureurs de l'autre Etat et sert de règle, sans effet rétroactif, pour la procédure à suivre notamment sur les questions de cotisation, d'indemnité et de compétence des organes respectifs des institutions d'assurance.

La décision n'est rendue que sur avis préalable des établissements d'assurance intéressés, des chefs d'entreprise et des bénéficiaires d'indemnité, quand la procédure d'indemnité est déjà engagée. La décision doit être signifiée à l'intéressé.

Art. 3. — *Mesures provisoires en attendant la décision.* — S'il s'agit d'un accident donnant sans aucun doute droit à une indemnité, le premier assureur saisi de l'affaire, doit, en attendant la décision, prendre soin du bénéficiaire de l'indemnité. La charge définitive en incombe à l'assureur désigné ultérieurement par la décision.

Art. 4. — *Mutation de l'assurance d'un Etat dans l'autre.* — Si, par suite de l'arrangement, une entreprise passagère vient à cesser son affiliation à l'organe d'assurance dans l'un des Etats contractants pour s'affilier à l'association d'assurance dans l'autre Etat, ce changement ne peut s'opérer qu'à la fin de l'année budgétaire. Toutefois l'effet rétroactif peut être avancé jusqu'au jour de la ratification de la convention, c'est-à-dire jusqu'à son entrée en vigueur, si les deux offices d'assurance intéressés sont d'accord. Ils demeureront tenus respectivement de toutes les indemnités motivées par des accidents antérieurs à l'époque ci-dessus.

Art. 5. — *Promesse de mutuel appui des Etats contractants.* — Pour l'application des règles de l'assurance dans un Etat, à raison d'un accident soumis à la législation de l'autre Etat, les autorités et organes compétents sont tenus de se prêter un concours réciproque durant toute la procédure d'accidents du travail et de se fournir tous renseignements utiles sur le sinistre, sans préjudice de l'obligation d'ouvrir d'office une enquête sur l'accident.

Art. 6. — *Fonctionnaires de l'Empire, de l'un des Etats confédérés ou d'une circonscription administrative.* — Aux termes de l'article 7 de la loi du 30 juin 1900, ces fonctionnaires ne sont pas soumis à l'obligation d'assurance, ; mais ils jouissent des recours prévus par la loi du 15 mars 1886. Les dispositions qui précèdent sont applicables à ces fonctionnaires.

Dans ces cas, à la place de l'administration impériale d'assurance appelée à décider sur l'assujettissement à l'assurance de l'un ou de l'autre État, la décision est prise, pour les employés impériaux, par le chancelier allemand, pour les employés d'État ou de circonscriptions administratives, par l'autorité centrale des États particuliers.

Dans l'application des lois allemandes de protection contre les accidents, les prescriptions de ces lois concernant la mise en valeur de tous autres droits nés d'accidents et fondés sur les lois allemandes, sont aussi valables pour les recours motivés par un accident arrivé en territoire luxembourgeois et fondés sur les lois du Luxembourg.

ART. 7. — *Entrée en vigueur ; durée.* — L'entrée en vigueur de cet arrangement est fixée au premier jour du mois suivant la date de sa conclusion. La durée en est indéterminée. Il peut être résolu le 1er janvier de chaque année, à la condition qu'il ait été dénoncé un an au moins à l'avance.

Cet arrangement a été publié au *Mémorial du Grand-Duché du Luxembourg* du 26 septembre 1905 et au *Bulletin officiel* impérial du 15 octobre suivant (1).

____

(1) *Revue de dr. int. priv. et de dr. pén. int.*, 1903 p. 918, et 1908, p. 695.

§ 8. — Convention du 27 août 1907 entre l'Allemagne et les Pays-Bas

L'Allemagne et les Pays-Bas ont signé le 27 août 1907, une convention (Annexe X) que nous allons analyser.

ART. 1er. — *Entreprises ayant leur siège dans l'un des deux Etats et se livrant à des opérations sur le territoire de l'autre ; application de la loi du pays où l'accident a eu lieu.* — Les entreprises assujetties à l'assurance contre les accidents du travail dans les deux pays contractants, qui ont leur siège sur le territoire de l'un d'eux, et des exploitations sur le territoire de l'autre, sont soumises, quant à ces exploitations, à la législation du pays où elles s'effectuent, sous réserve des cas prévus aux articles 2 et 3 ci-après.

Aux termes du 2e alinéa de l'article 1er, les parties d'entreprises situées dans l'un des deux pays, mais dont le siège est dans l'autre, sont considérées, au point de vue des accidents, comme entreprises distinctes de celle du siège principal, c'est-à-dire que chaque partie est soumise à la législation du pays sur le territoire duquel elle se trouve.

Un 3e alinéa dispose que les mesures d'application des dispositions qui précèdent sont dans les attributions du gouvernement de celui des deux pays contractants qu'elles intéressent : en Allemagne, le chancelier ou son délégué ; aux Pays-Bas, les fonctionnaires compétents. Les Etats contractants doivent se communiquer réciproquement les mesures prises à cet effet.

ART. 2. — *Entreprises de transport s'étendant sur les territoires allemand et hollandais.* — Les entreprises de transport s'étendant à la fois en Allemagne et en Hollande sont soumises à la législation de l'Etat où s'effectuait le trafic qui a occasionné l'accident, quelle que soit l'étendue du tarif respectif dans l'un et l'autre pays. Cette règle s'applique même au personnel affecté à des travaux autres que ceux du trafic.

ART. 3. — *Exception à l'applicabilité de la législation de l'Etat où se trouve l'exploitation qui a occasionné l'accident.* — Pour toutes les entreprises de l'un des deux Etats (sauf les entreprises de transport) qui ont des exploitations sur le territoire de l'autre Etat, la loi applicable est celle du pays de leur siège social, pendant les six premiers mois de l'exploitation et pour toutes les personnes occupées jusque-là dans la partie de l'entreprise assujettie (art. 3).

Il ne s'agit plus ici d'exploitations temporaires, mais de toutes exploitations sur le territoire de l'un des deux Etats, dépendant d'entreprises ayant leur siège sur le territoire de l'autre Etat. Ces exploitations restent soumises à la législation de l'Etat de leur siège social pendant les six premiers mois de leur installation.

L'Office impérial allemand des assurances a donné de cette convention l'interprétation suivante :

« La convention a pour but de mettre fin à une situation qui obligeait certaines industries à assurer deux fois leurs ouvriers contre les accidents.

« La loi allemande repose sur le principe de la territorialité. Elle n'atteint donc en principe que les établissements situés sur le territoire allemand. Toutefois, si des établissements allemands créent à l'étranger des entreprises qui leur restent soumises (des rayonnements), celles-ci sont considérées comme faisant partie de l'établissement situé en Allemagne. Par contre, les rayonnements d'un établissement fixé à l'étranger, ne tombent pas sous l'application de la loi allemande. Ainsi, si une fabrique de machines, établie aux Pays-Bas, fait monter en Allemagne une machine par ses ouvriers, ceux-ci ne bénéficient pas, pendant leur séjour en Allemagne, de la loi allemande sur les accidents, parce que ce travail y est considérée comme un rayonnement d'un établissement étranger. Le contraire serait vrai pour un établissement situé en Allemagne qui ferait effectuer des travaux du même genre aux Pays-Bas. Les cas où des travaux doivent être considérés comme des rayonnements, ne sont pas déterminés d'une manière fixe, mais dépendent des circonstances.

« La loi néerlandaise s'appuie aussi sur le principe de la territorialité. Toutefois, dans son article 9, elle prévoit que ses dispositions seront aussi applicables aux travaux exécutés à l'étranger, par exemple en Allemagne, par une entreprise ayant son siège aux Pays-Bas, en ce qui concerne ceux de ses ouvriers qui ont leur domicile aux Pays-Bas. Ces travaux tombent également sous l'application de la loi allemande du moment qu'ils n'ont pas le caractère d'un simple rayonnement. Dans ces circonstances, on se trouve donc en présence d'une double assurance des ouvriers domiciliés aux Pays-Bas. C'est le cas notamment pour les ouvriers des entreprises de navigation sur le Rhin.

« D'autre part, si les travaux exécutés en Allemagne par une firme néerlandaise rentrent dans la notion du rayonnement, il se fait que les ouvriers y occupés et n'ayant pas leur domicile aux Pays-Bas, ne sont pas assurés par la loi néerlandaise. D'un autre côté, la loi allemande ne les assure pas non plus, puisqu'il ne s'agit que d'un rayonnement. Et ainsi il peut se présenter des cas où des ouvriers occupés en Allemagne par une firme hollandaise ne sont pas assurés, bien que l'industrie exercée par cette dernière soit soumise à l'assurance tant en Allemagne qu'aux Pays-Bas.

« Ces anomalies qui ont été fréquemment l'objet de plaintes, ont amené les gouvernements d'Allemagne et des Pays-Bas à ouvrir des négociations qui ont abouti à la convention du 27 août 1907 » (1).

ART. 1. — *Application de la loi du siège social aux conditions du droit.* — Lorsque la législation de l'un des deux pays s'applique à un accident survenu dans l'autre pays et ayant, suivant les lois de ce dernier pays, donné ouverture à d'autres droits, elle régit aussi les conditions de ces droits.

______

(1) *Berufsgenossenschaft* du 10 février 1908.

Art. 5. — *Concours réciproque des deux États.* — Les autorités administratives compétentes des deux pays doivent se prêter un concours réciproque pour la constatation de l'accident.

Si la déposition sous serment de témoins ou d'experts de l'un des deux États est jugée nécessaire par les autorités de l'autre État, il peut être envoyé une commission rogatoire. L'autorité chargée de l'exécuter cite d'office les témoins et les experts et emploie au besoin les moyens de coercition prévus par la loi nationale.

Art. 6. — *Exemptions fiscales.* — Lorsque la législation de l'un des deux États s'applique dans l'autre, les exemptions fiscales prévues par la législation de ce dernier pays, bénéficient aux actes et documents nécessaires.

Art. 7. — *Taux des primes d'assurance.* — Le taux des primes ou des cotisations ne subit pas d'accroissement par le fait que le siège social de l'entreprise se trouve dans l'autre pays.

Art. 8. — *Application des articles 1 à 7 aux entreprises soumises à la législation d'un des deux pays, même en l'absence des conditions prévues à l'article 1er.* — Les dispositions des articles 1 à 7 ci-dessus s'appliquent aux entreprises soumises à la législation d'un des deux pays, même en l'absence des conditions prévues à l'article 1er.

Art. 9. — *Employés de l'Empire, d'un État confé-*

déré ou d'une circonscription administrative allemande.
— Nous avons vu qu'aux termes de l'article 7 de la loi
allemande du 30 juin 1900, les fonctionnaires sont
exclus de l'assurance, mais ont droit à des secours
spéciaux. Ces employés bénéficient de la convention
lorsqu'ils sont employés dans des entreprises assujetties à la loi sur les accidents du travail.

Art. 10. — *Calcul du salaire.* — Chacun des deux
gouvernements contractants établira et se communiquera réciproquement un barème nécessaire dans le cas
d'application de sa loi nationale pour le calcul du
salaire exprimé en monnaie de l'autre pays.

Art. 11. — *Ratification, durée.* — La convention est
soumise à la ratification dans les deux pays. L'échange
des originaux aura lieu aussitôt après cette formalité.

L'entrée en vigueur de la convention est fixée au
premier du mois postérieur à celui qui suivra la date
de l'échange des originaux.

Aucune durée n'est fixée à l'arrangement. Les parties pourront le dénoncer en tout temps. Il cessera
d'être en vigueur à partir de l'expiration de l'année
civile où la dénonciation aura eu lieu, c'est-à-dire
365 jours après cette dénonciation.

Les obligations résultant d'accidents antérieurs au
jour de la mise en vigueur de la convention restent à la
charge de l'établissement d'assurance qui avait à les
remplir auparavant. A l'inverse, les établissements
d'assurance qui ont assumé des obligations résultant

d'accidents du travail sous le régime de la convention, en demeurent chargés dans la suite.

§ 8. — Ordonnance du Conseil fédéral allemand du 22 février 1906, en faveur des ouvriers belges

Nous avons vu (*suprà*, p. 10) que la loi allemande du 30 juin 1900 accorde aux ouvriers étrangers les mêmes droits qu'aux ouvriers allemands sous les deux restrictions suivantes : 1° l'ouvrier étranger qui cesse de résider sur le territoire allemand reçoit pour toute indemnité une somme triple de la rente annuelle ; 2° les ayants droit qui ne résident pas sur le territoire allemand n'ont droit à aucune indemnité. Mais ces dispositions restrictives peuvent être abrogées au profit de certains États-frontière par ordonnance du Conseil fédéral. Effectivement, une décision du 13 octobre 1900 (*suprà*, p. 13) a déterminé les États bénéficiant de cette abrogation. Dans leur nombre figurent les arrondissements belges de Liège, Verviers, Marche et Bastogne. Dès lors, les Belges résidant dans ces districts, jouissaient, dès cette époque, en Allemagne, des mêmes droits que les ouvriers allemands.

Ce régime a été étendu à tous les Belges sans exception par l'ordonnance du Conseil fédéral du 22 février 1906 dont voici l'analyse (Annexe XI). Toutefois les ouvriers belges résidant dans les arrondissements-frontière précités, devaient, comme d'ailleurs les ouvriers allemands résidant à l'étranger, faire connaître leur résidence à la corporation et se présenter, de temps en temps, chez un consul allemand. L'ordonnance de l'Office impérial des assurances dispense de ces formalités les Belges résidant dans les districts-frontière et y soumet seulement les Belges résidant en dehors de ces districts.

ART. 1er. — *Assimilation des ouvriers belges aux ouvriers allemands*. — Les dispositions de l'article 94, n° 2, de la loi du 30 juin 1900 sur l'assurance-accidents dans l'industrie, et de l'article 37, alinéa 1er, de la loi du même jour sur l'assurance-accidents dans les entreprises de construction, relatives à la suspension de la rente à l'égard des ouvriers étrangers qui n'ont pas leur résidence habituelle dans le pays, ne s'appliquent pas aux ressortissants du royaume de Belgique, même lorsque ces titulaires de rentes ne résident pas dans les arrondissements-frontière visés par l'ordonnance du 13 octobre 1900 (art 1er, § 1er).

Le deuxième alinéa du paragraphe 94 de la loi sur les accidents dans l'industrie, concerne la suspension de la rente viagère pour l'étranger qui n'a pas en Allemagne sa résidence habituelle. L'article 37, alinéa 1er de la loi sur les accidents dans les entreprises de construction renvoie aux articles 63 à 98 de la loi-accidents dans l'industrie, qui sont déclarés applicables aux travaux de construction. Or, parmi ces dispositions, celle de l'article 94, n° 2, contient seule des restrictions au droit des étrangers. Elle est abrogée par notre texte, pour les ouvriers belges employés dans les entreprises de construction, comme pour ceux de l'industrie en général. Il est à peine besoin de faire remarquer, en effet, que l'ordonnance abroge exclusivement les dispositions qui concernent la suspension de la rente due aux étrangers.

Le second alinéa de l'article 1er de l'ordonnance porte que, pour les titulaires belges qui ne résident pas en territoire allemand ou dans un arrondissement-frontière visé par l'ordonnance du 13 octobre 1900, le droit de toucher la rente est subordonné à la condition qu'ils se conforment aux prescriptions décrétées ou à décréter pour les nationaux par l'Office impérial des assurances, conformément à l'article 91, n° 3, de la loi-accidents dans l'industrie.

Le troisième alinéa de l'article 91 vise l'ouvrier allemand titulaire d'une rente, qui réside à l'étranger. L'Office impérial des assurances doit imposer à ces nationaux l'obligation de donner avis à la corporation du lieu de leur résidence et de se présenter, de temps à autre, à un consul allemand. Ces prescriptions étaient applicables aux termes de l'ordonnance du 13 octobre 1900, aux Belges résidant dans les arrondissements-frontière. L'ordonnance du 22 février 1906 dispense les ouvriers belges résidant dans ces districts de ces formalités, et les rend obligatoires seulement pour les Belges qui ne résident ni en territoire allemand, ni en territoire frontière.

A l'égard de ces derniers titulaires de rentes, le jour de l'entrée en vigueur de l'ordonnance du 22 février 1906 est considéré comme jour d'entrée en vigueur des prescriptions de l'Office impérial des assurances, en date du 5 juillet 1902.

Aux termes d'une décision de l'Office impérial d'Allemagne, les Belges des districts-frontière peuvent toucher les arrérages de leur rente dans le bureau de poste allemand le plus rapproché, sur la frontière, de leur résidence.

ART. 2. — *Assimilation des ayants-droit belges aux ayants droit allemands.* — Les dispositions de l'article 21 de la loi d'assurance contre les accidents dans l'industrie et de l'article 9 de la loi d'assurance contre les accidents dans les entreprises de construction, relatives à l'exclusion du droit à la rente pour les ayants droit de la victime, ne s'appliquent pas aux ouvriers belges qui ne résident habituellement ni en Allemagne, ni dans les arrondissements-frontière de Belgique.

L'article 21 de la loi du 30 juin 1900 sur les accidents dans l'industrie, contient l'exclusion de tout droit à une indemnité des ayants droit de l'ouvrier étranger, qui n'ont pas leur résidence habituelle sur le territoire allemand, à l'époque de l'accident. L'article 9 de la loi-accidents dans les entreprises de construction, étend cette exclusion aux ouvriers de ces entreprises. En conséquence, l'ordonnance du 22 février 1906 exempte les ayants droit de nationalité belge de cette exclusion.

ART. 3. — *Effet rétroactif de l'ordonnance.* — Les dispositions qui précèdent ont un effet rétroactif à partir du 1er juillet 1905 à moins que la demande d'indemnité n'ait fait l'objet d'une décision passée en force de chose jugée au jour de l'entrée en vigueur de l'ordonnance. En conséquence la résolution du Conseil fédéral bénéficie aux victimes d'accidents du travail survenus depuis le 1er juillet 1905, à moins qu'il n'ait été déjà rendu une décision ayant l'autorité de la chose jugée.

ART. 4. — *Date de la mise en vigueur.* — L'entrée en valeur de l'ordonnance est fixée au 1er mars 1906.

CHAPITRE IX

CONCLUSION

Il résulte de l'étude que nous ve... as de faire, que la législation sur les accidents du travail présente encore dans presque tous les pays, au point de vue international, de graves imperfections. Le régime d'exception institué pour les ouvriers étrangers est contraire à la justice et au droit des gens. D'autre part, le droit international n'offre pas de solution satisfaisante au problème du conflit des lois et laisse trop souvent place à une dualité de décisions et d'indemnités. Des améliorations sur ces diverses questions sont nécessaires et possibles. Déjà des hommes considérables, servis par leur dévouement au développement du droit ouvrier international, se sont consacrés à cette tâche. Nous essaierons de tracer notre modeste sillon dans le champ qu'ils ont exploré.

L'exclusion des ouvriers étrangers du droit à la même indemnité que les nationaux, a soulevé un vif mouvement de protestation (1). Dès 1901 le Congrès

____

(1) Raynaud, *op cit.*, p. 131 ; Auvillain, *op. cit.*, p. 157 ; Surville, *Les ouvriers étrangers en France et le risque professionnel*, p. 216 ; Surville, *Revue critique*, 1902, p. 129 ; Rapport de M. Feigenwinter au Congrès de Bâle, *Rev. de dr. int. priv. et de dr. pén. int.*, 1906, p. 94.

tenu à Bâle par l'*Association internationale pour la protection légale des travailleurs*, émettait unanimement l'avis que « pour les droits garantis à l'ouvrier et à ses ayants cause par les législations d'assurance et de responsabilité professionnelles, il n'y a lieu d'établir aucune différence entre les bénéficiaires à raison de leur nationalité, de leur domicile ou de leur résidence (1). Cette motion avait été proposée par M. Millerand, ancien et futur ministre français, président de la délégation française, d'accord avec le représentant de l'Allemagne, M. le Dr Caspar (2).

Le Congrès tenu à Genève en 1906, s'est prononcé dans le même sens : « L'Association internationale pour la protection légale des travailleurs constate qu'il ressort des rapports des sections nationales qu'il est possible de réaliser par une entente internationale le principe de l'égalité des nationaux et des étrangers au point de vue de l'assurance ouvrière. En conséquence, elle invite les sections : 1° à présenter à la prochaine assemblée des délégués un projet de convention internationale d'abord sur l'assurance-accidents, réalisant ce principe tant au point de vue du montant de l'indemnité qu'à celui des conditions nécessaires pour bénéficier de l'assurance ; 2° à continuer à travailler au moyen des législations nationales et des traités internationaux, à la réalisation de ce principe jusqu'à ce qu'il

---

(1) *Bulletin de l'Office du travail*, novembre 1904, p. 982.
(2) Pic, *Le quatrième Congrès de l'Association internationale pour la protection légale des travailleurs, Questions pratiques de législation ouvrière*, 1905, p. 153.

soit pleinement reconnu par une convention internationale ; 3º à présenter à la prochaine assemblée des délégués un rapport sur la manière dont il conviendra de modifier la loi de leurs pays respectifs ou d'élaborer des lois nouvelles afin qu'elles soient conformes au principe énoncé ci-dessus » (1).

Enfin, le dernier Congrès tenu à Lucerne, en 1908, a émis le vœu que « soit par les lois nationales, soit par des traités particuliers de nation à nation, soit par une convention internationale générale dont une puissance prendrait l'initiative, les étrangers soient admis au bénéfice de l'égalité de traitement avec les nationaux, en matière d'assurance-accidents, tant au point de vue du montant de l'indemnité qu'à celui des conditions nécessaires pour bénéficier de l'assurance » (2).

Sur le principe de l'égalité entre nationaux et étrangers, tout le monde est à peu près d'accord. Il n'y a de divergences que sur le moyen de le réaliser. Les uns demandent que ce soit par les législations nationales (3), les autres par des accords internationaux (4). Les États exportateurs de main-d'œuvre ont un intérêt considérable à obtenir des autres États l'égalité législative. Au contraire, les États importateurs, comme la France, redoutant d'être envahis par la main-d'œuvre étran-

(1) *Bulletin de l'Office du travail*, nov. 1906, p. 1115 ; Amieux, *Quatrième assemblée générale de l'Association internationale pour la protection légale des travailleurs, Questions pratiques de législation ouvrière*, 1907, p. 26.

(2) *Rev. de dr. int. priv. et de dr. pén. int.*, 1909, p. 352.

(3) Rapport de M. Feigenwinter, précité.

(4) Pic, *loc. cit.* ; Barrault, *L'assurance ouvrière et les ouvriers étrangers, Questions pratiques*, 1907, p. 375 et suiv.

gère déjà si étendue chez eux, sont peu disposés à mettre les ouvriers étrangers sur le même pied que les nationaux et ne consentent que la réciprocité diplomatique. Pour ces derniers, la question n'est pas seulement morale, elle est aussi politique et économique.

Sans nier l'importance de ce point de vue, il ne doit pas être pris en considération lorsqu'il s'agit d'un principe du droit des gens, qui ne saurait être subordonné aux intérêts matériels d'un pays. L'erreur des pays étrangers ne justifie pas la nôtre. La France a donné assez d'exemples de magnanimité pour qu'elle ne recule pas devant un geste qui serait un acte non de faux sentimentalisme mais de justice. A reconnaître un droit, on ne risque jamais d'être dupe, « car le droit d'un peuple est un des éléments les plus importants de la civilisation » (1). La loi du 9 avril 1898, œuvre de progrès social et d'humanité, contient, à l'égard des étrangers, des dispositions qui sont en contradiction absolue avec son but, et son caractère. Il importe d'abord de les faire disparaître. Le gouvernement pourra ensuite chercher à obtenir la réciprocité des États retardataires.

La réciprocité diplomatique instituée dans la législation sur les accidents par la loi du 31 mars 1905, n'est d'ailleurs qu'un expédient et non un principe juridique. Elle corrigera l'injustice envers les ouvriers des nations qui traiteront avec la France, mais la laissera subsister envers les autres. Ainsi, l'on pourra voir, dans un

(1) Demangeat, *Histoire de la condition civile des étrangers en France.*

même accident, deux ouvriers étrangers de nationalité différente, dont l'un sera assimilé aux ouvriers nationaux parce que son pays aura traité avec la France, tandis que les droits de l'autre seront mutilés parce qu'il n'existera pas de traité avec son pays. Le droit ne sera donc pas pour ces deux malheureux, l'expression de la conscience humaine : il dépendra du bon vouloir des diplomates.

Il est vrai que la réciprocité diplomatique existe pour la protection de la propriété industrielle : nom commercial, marques de fabrique et de commerce (1), et même en matière d'assistance (2). Mais il s'agit ici de protection et de charité et l'on comprend que, dans ce cas, un État n'accorde exactement que ce qu'on lui donne. La protection industrielle est un privilège qui peut faire l'objet d'un traité. L'assistance n'est pas non plus un droit naturel pour les étrangers. Un État doit la justice aux étrangers, mais il ne doit sa protection qu'à ses nationaux ; il peut marchander, échanger, vendre sa protection, il ne peut pas le faire pour la justice (3). C'est donc par la voie législative que la France doit rétablir l'égalité entre les ouvriers français et les ouvriers étrangers et effacer des dispositions qui

(1) Loi du 23 novembre 1873, article 9.

(2) Loi du 15 juillet 1893, article 1er. V. aussi la discussion, à la Chambre des députés, du projet de loi relatif aux assurances ouvrières, le 25 janvier 1906.

(3) V. Pic, *De la condition juridique des travailleurs étrangers en France*, Journ. du dr. int. priv., 1905, p. 273 et 860 ; Raynaud, *op. cit.*, p. 31 ; Raynaud, *Le droit international ouvrier*, p. 143 ; Barrault, *op. cit.*, p. 379.

semblent faire revivre le droit d'aubaine contre les étrangers.

Au contraire, la détermination de la loi compétente dans le conflit des lois ne peut résulter que d'accords diplomatiques et, de préférence, d'une entente internationale. C'est, en effet, une règle générale et uniforme qui est nécessaire sur ce point. Or, les traités de nation à nation différeraient fatalement et occasionneraient des divergences choquantes de traitement entre ouvriers de diverses nationalités étrangères. Ainsi, le traité franco-belge fait bénéficier de leur loi nationale les ouvriers belges victimes d'accident au cours de travaux temporaires en France, tandis que le traité franco-italien ne contient aucune disposition à ce sujet. Dès lors, si des ouvriers français de la même entreprise sont détachés les uns en Belgique, les autres en Italie, les premiers auront le droit de se prévaloir de la loi française, tandis que les autres seront soumis à la loi italienne. Enfin, la conclusion de traités particuliers demandera des années, tandis qu'une conférence internationale pourrait aboutir assez vite.

Quelle que soit la forme de traité qu'on adopte, la question se pose de savoir quelle sera la loi applicable en cas de conflit des lois : celle du pays où l'accident s'est produit, celle du pays où le contrat de louage de services a été conclu, celle du siège de l'entreprise ou enfin celle de la nationalité de la victime.

L'application de la loi du pays où l'accident s'est produit, serait la plus logique et la plus conforme à la territorialité des lois sur la responsabilité des accidents. Mais cette règle serait inacceptable pour les ouvriers travaillant temporairement en pays étranger. On ne saurait, par exemple sans injustice imposer la loi du pays où l'accident est arrivé à l'employé de chemins de fer blessé dans le cours d'un voyage au delà de la frontière. Cette théorie est d'ailleurs contraire à la loi française du 9 avril 1898, modifiée par la loi du 31 mars 1905 (art. 15, § 6), qui vise expressément certains accidents arrivés en pays étranger. Il en est de même de la loi allemande qui autorise la conclusion de traités pour exclure de l'assurance les exploitations situées dans le pays, mais faisant partie d'une entreprise étrangère, et y assujettir les exploitations situées à l'étranger qui forment des annexes d'une entreprise nationale. La loi luxembourgeoise du 5 avril 1902 est dans le même cas.

La loi du pays où le contrat de louage de services a été passé n'est pas plus admissible. Vainement on soutient que la responsabilité est la conséquence nécessaire du contrat de travail, et que les parties, en contractant, ont entendu se soumettre à la loi du pays où le contrat a eu lieu (1). D'abord, c'est à tort qu'on attribue un caractère contractuel à la responsabilité du risque professionnel. Nous avons démontré (*suprà*, p. 33) que la responsabilité dérivant de la loi de 1898 n'est ni contractuelle ni délictuelle, mais légale. Enfin, rien n'autorise à prétendre que, de ce qu'un contrat de

____

(1) Pic, *Le IVe Congrès de l'Association internationale pour la protection légale des travailleurs. Questions pratiques*, 1905, p. 40; Sachet, *op. cit.*, 5e éd., t. I, n° 250, p. 147.

travail a été passé dans un pays, les parties ont voulu se soumettre à la législation de ce pays pour les conséquences de ce contrat. Cela est souvent complètement inexact. Voici un chef d'entreprise français qui va en Allemagne recruter des ouvriers pour l'industrie qu'il exploite en France. Pense-t-on qu'il ait l'intention de se placer sous l'empire de la loi allemande ? Il peut même arriver que les ouvriers recrutés en pays étranger soient d'une autre nationalité étrangère ; dans ce cas, si la *lex loci contractus* était applicable, ce ne serait ni la loi du pays de l'entreprise, ni celle du lieu de l'accident, ni celle de la nationalité de la victime ou du patron, mais une loi à laquelle aucun lien ne rattache les parties.

La théorie de l'application de la loi du pays où est le siège de l'entreprise est très séduisante et permettrait de statuer équitablement dans de nombreuses hypothèses ; mais elle en laisserait d'autres sans solution. Elle s'adapterait exactement au cas de l'ouvrier étranger travaillant d'une façon permanente dans une entreprise ayant son siège dans le pays, en le faisant bénéficier de la loi nationale. Ainsi des ouvriers français vont en Russie construire un pont ou une usine pour le compte d'une entreprise russe : ils seront régis, en cas d'accident, par la loi russe. Si, au contraire, ces ouvriers vont en Russie pour un travail temporaire, notamment comme employés dans les trains internationaux, ils resteront protégés par la loi du pays de l'entreprise à laquelle ils appartiennent. Mais cette théorie n'est plus satisfaisante lorsque le pays du siège de l'entreprise et celui de l'exploitation ne sont pas les mêmes. Supposons une entreprise ayant son siège en Allemagne et exploitée en France. Si un ouvrier embauché en Allemagne est victime d'un accident du travail dans l'exploitation de cette entreprise en France, on ne saurait rendre la loi allemande applicable sans violer le principe de la territorialité des lois. Dans l'espèce, la loi française embrassant toutes les entreprises exploitées sur le territoire français sans distinction de nationalité doit être seule applicable. La situation serait pareille dans tout autre pays.

Il semble qu'on pourrait remédier à cet inconvénient en appliquant la loi non du siège de l'entreprise, mais du lieu où elle fonctionne : mais il n'en est rien, car le lieu de l'exploitation n'est autre que celui de l'accident et nous avons déjà démontré que la loi du pays où l'accident s'est produit ne tranche pas mieux la difficulté.

Ainsi qu'on le voit, aucune théorie absolue ne permet de résoudre d'une façon complète le conflit des lois ; il faut donc rechercher un système plus souple, susceptible de s'adapter à toutes les hypothèses. Nous le trouverons dans la distinction entre les ouvriers occupés à titre permanent et ceux occupés à titre temporaire, déjà admise par les traités diplomatiques.

Les ouvriers occupés de façon permanente en pays étranger devraient toujours bénéficier de la loi du pays où s'est produit l'accident. Cette proposition est conforme au principe de la territorialité des lois sur les accidents, qui frappent toutes les entreprises établies d'une façon permanente dans le pays. Elle est conforme aussi à la volonté des parties, l'ouvrier qui va se fixer à l'étranger pour y travailler, se soumettant implicitement aux lois de ce pays. A tort on soutiendrait que, dans le cas où cet ouvrier a été embauché dans son pays, il est présumé vouloir rester sous l'empire de sa loi nationale. Cette théorie de la personnalité des lois suivant le citoyen dans son exode à l'étranger, est une idée raffinée de juriste, qui ne germera pas dans l'esprit d'un simple ouvrier. Celui-ci sait, au contraire, qu'il devra se plier aux mœurs et aux coutumes du pays dans lequel il va, et, à plus forte raison, à ses lois. Il est donc naturel et légitime d'appliquer à cet ouvrier, en cas d'accident du travail, la loi du pays où l'accident est arrivé.

Il n'est pas moins raisonnable de faire exception à cette règle en faveur de l'ouvrier qui est détaché d'un établissement dans un pays, pour aller travailler temporairement en pays étranger. Dans ce cas, la loi du pays où s'exécute le travail, c'est-à-dire où l'accident est survenu, doit céder devant celle du lieu où est le siège de l'entreprise. En effet, la législation sur les accidents, en dépit de son caractère territorial, n'a pas en vue les travaux temporaires exécutés par des entreprises étrangères et qui ne sont que la continuation, le prolongement de l'entreprise principale, pas plus que les ouvriers qui viennent y travailler pour quelques mois ou pour quelques jours seulement. Le législateur a statué sur le *plerumque fit*, c'est-à-dire sur les entreprises exploitées dans le pays et sur les ouvriers qui y sont employés d'une manière fixe et non pour ceux qui n'y viennent que transitoirement pour effectuer un travail de courte durée. Dès lors, c'est se conformer aux intentions du législateur que de soustraire ces ouvriers à la loi du pays où l'accident est arrivé, et de les maintenir sous l'empire de la loi du pays où est le siège de l'entreprise. On peut aussi supposer à bon droit, qu'en allant travailler provisoirement à l'étranger pour le compte de leur patron, ces ouvriers pensaient rester sous la protection de la loi du pays de l'entreprise à laquelle ils étaient attachés. On ne peut pas admettre, par exemple, que les employés des trains internationaux circulant dans plusieurs États entendent se soumettre, en cas d'accident, à la législation des pays qu'ils traversent. C'est également le cas des mariniers des canaux et fleuves, qui naviguent dans divers pays au cours de leurs voyages.

Nous formulerons donc la règle suivante : application de la loi du pays où l'accident est arrivé, aux ouvriers occupés d'une manière permanente en pays étranger, et de la loi du siège de l'entreprise aux ouvriers détachés ou occupés temporairement à l'étranger.

Cette règle nous semble pourvoir équitablement au conflit des lois dans toutes les hypothèses qui peuvent se présenter.

Supposons d'abord qu'il s'agisse d'un ouvrier français employé dans une entreprise française en pays étranger. Si cette entreprise est établie à demeure à l'étranger, c'est la loi de ce pays qui s'appliquera, en cas d'accident du travail. Pas de difficulté possible à cet égard.

Si, au contraire, le chef d'entreprise est allé à l'étranger seulement pour exécuter un travail temporaire avec ses propres ouvriers, on devra appliquer, en cas d'accident, la loi française, c'est-à-dire celle du pays où est le siège de l'entreprise, pourvu que le travail qui a occasionné l'accident ait un caractère provisoire et ne puisse pas être considéré comme formant une entreprise distincte à l'étranger. Nous nous en référons pour la définition du travail temporaire à ce que nous avons précédemment dit à ce sujet (*suprà*, p. 19). Nous rappelons seulement qu'on ne devra considérer comme employés temporairement à l'étranger que les ouvriers détachés d'une entreprise ayant son siège dans un autre pays. Quoi de plus juste que de maintenir ces ouvriers sous l'empire de la loi du pays de l'entreprise ? En suivant leur patron, pour peu de temps, hors du territoire national, ils n'ont certainement pas eu la pensée qu'ils cessaient par là d'être protégés par la loi de leur patrie. D'autre part, il n'est pas excessif de faire fléchir la territorialité de la loi du pays où l'accident s'est produit, le législateur ayant eu principalement en vue les entreprises établies sur son territoire et non les travaux que viennent y exécuter transitoirement des ouvriers étrangers détachés de maisons étrangères à titre tout à fait provisoire. Telle est d'ailleurs la règle adoptée par les traités franco-belge, franco-luxembourgeois, franco-anglais, belgo-luxembourgeois, germano-luxembourgeois et germano-hollandais.

Si un chef d'entreprise venu en pays étranger à titre temporaire, y embauche des ouvriers du pays, ces ouvriers bénéficieront, dans tous les cas, de leur loi nationale. Il ne saurait être, en effet, dérogé à la territorialité de la loi qu'en faveur des ouvriers étrangers détachés d'une entreprise ayant son siège dans un autre pays, et non pour les nationaux victimes d'accidents dans leur pays quoique dans une entreprise étrangère, fut-elle temporaire. Les ouvriers étrangers amenés par cette entreprise, resteront sous l'autorité de leur loi nationale : mais ceux qui seront embauchés dans le pays, bénéficieront de la loi de leur patrie. Cette solution est parfaitement logique. En effet, les premiers seuls sont employés temporairement dans le pays; ils y sont venus momentanément pour un travail de courte durée, sans renoncer pour cela à la protection des lois de leur pays. Les seconds, au contraire, sont établis dans le pays d'une manière permanente et l'on ne saurait soutenir qu'en s'employant dans un travail temporaire exécuté par un patron étranger, ils ont voulu renoncer au bénéfice de leur loi nationale. Tout citoyen d'un Etat, habitant le territoire, est soumis à ses lois et à ses magistrats ; il paie des impôts, quelquefois très lourds, pour sa prospérité ; souvent même il est obligé de donner son sang pour sa sécurité ; en retour, il a le droit de compter toujours et avant tout sur la protection de l'Etat, en vertu du véritable contrat qui les lie (1). Il est vrai que l'entrepreneur qui va faire un tra-

(1) Weiss, *op. cit.*, t. II, 2ᵉ éd., p. 4.

vail temporaire à l'étranger et y embauche des ouvriers du pays, pourra éprouver des difficultés à assurer ces ouvriers conformément à la loi locale. Mais cela se produira seulement dans les pays où l'assurance est organisée sous la forme de mutuelles corporatives ; encore ne semble-t-il pas impossible d'adapter cette assurance aux ouvriers nationaux occupés dans une entreprise temporaire (1). Quant aux nations où l'assurance est libre, il sera facile au chef d'entreprise de s'assurer pour la durée de son travail à l'étranger.

La solution sera la même, en cas d'accident arrivé à un ouvrier étranger dans une entreprise nationale, par exemple, à un ouvrier italien employé dans une entreprise française en France. La loi du lieu de l'accident s'imposera sans restriction ni réserve, toute distinction de nationalité, étant contraire au droit des gens lorsqu'il s'agit de réparer un dommage. Il devra en être ainsi alors même que l'ouvrier étranger aura été embauché dans son pays, car, en consentant à aller travailler à titre permanent en pays étranger, il n'a pas pu supposer que la loi de sa patrie le suivrait et s'attacherait à ses pas ; il s'est soumis volontairement à la loi du pays où il est venu gagner sa vie, comme à ses mœurs et à ses usages. D'autre part, en allant embaucher des ouvriers à l'étranger, le chef d'entreprise n'a pas voulu renoncer à sa loi nationale et se placer sous l'empire d'une loi étrangère. Enfin la

(1) Barrault, *Association internationale pour la protection légale des travailleurs, Rev. de dr. int. priv. et de dr. pén. int.,* 1909, p. 351.

responsabilité des accidents n'étant pas d'essence contractuelle, le lieu où le contrat a été passé, doit rester sans influence sur la détermination de la loi qui lui est applicable. S'il en était autrement, il faudrait donc appliquer la loi chinoise, si le contrat, quoique entre Européens, avait été fait en Chine ! Ce ne serait que dans le cas où cet ouvrier étranger aurait été détaché temporairement, qu'il devrait, pour les raisons déjà exposées, échapper à la loi du pays où il travaille et rester sous l'autorité de la législation du pays de l'entreprise à laquelle il est attaché.

La même règle sera suivie si l'ouvrier étranger est employé dans une entreprise étrangère. Tel un ouvrier étranger travaillant dans une entreprise allemande en France. Les chefs d'entreprise étrangers sont assimilés, en effet, aux chefs d'entreprise nationaux, en vertu de la territorialité des lois. La nationalité du chef d'entreprise au service duquel est un ouvrier étranger, importe donc peu. En conséquence, si l'ouvrier de nationalité étrangère était occupé d'une manière permanente dans le pays, ce serait la loi du pays de l'entreprise qui serait compétente ; s'il avait été détaché à titre temporaire, sa loi nationale le suivrait.

D'après un autre système (1), il faudrait distinguer suivant que l'ouvrier étranger occupé dans une entreprise étrangère, aurait été ou non embauché dans le pays de l'accident, et appliquer, dans le premier cas, la loi de ce pays et, dans le second, la loi du pays de l'en-

(1) Barrault, *loc. cit*, p. 355.

treprise. Cette opinion ne nous paraît pas devoir être admise, pour le motif plusieurs fois démontré, que le lien du contrat de travail ne doit jamais être pris en considération, pour déterminer la loi compétente, en matière d'accident du travail. Dès lors, il n'y a pas plus lieu d'en tenir compte lorsqu'un ouvrier étranger travaille dans une entreprise étrangère, que lorsqu'il travaille dans une entreprise nationale, puisque l'une et l'autre sont sur le même pied aux yeux de la loi. Enfin si, dans ce système, on peut justifier l'application de la loi du pays où l'accident est arrivé, dans le cas où le contrat de travail y a été conclu, on ne peut pas en dire autant de l'application de la loi du pays du siège de l'entreprise, dans le cas contraire. Quelles raisons peut-on invoquer, en effet, dans cette dernière hypothèse, en faveur de la loi du pays où est le siège de l'entreprise? Le lieu du contrat? D'abord rien ne prouve que le contrat de travail y a été passé. Mais pourquoi ce lieu entraînerait-il la compétence de la loi du pays et soustrairait-il une entreprise à la loi territoriale? Passe encore si l'ouvrier étranger est de même nationalité que le chef d'entreprise (ouvrier allemand occupé dans une entreprise allemande en France ou dans tout autre pays, et embauché en Allemagne) ; dans ce cas, on pourrait soutenir que cet ouvrier, en s'embauchant dans son pays pour travailler à l'étranger dans une entreprise nationale, a voulu rester sous l'empire de sa loi nationale. Mais cette raison ne sera plus valable si l'ouvrier est d'une autre nationalité que l'entreprise (ouvrier italien occupé dans une entreprise allemande en France, et embauché en Allemagne). Dans cette hypothèse, la *lex loci contractus* ne peut plus se justifier par la volonté présumée des deux parties. Il en sera de même, *a fortiori*, si l'ouvrier étranger a été embauché dans un autre pays que celui de l'entreprise (ouvrier italien occupé dans une entreprise allemande en France, et embauché en Italie); dans ce cas, comment expliquer l'application de la loi du pays où est le siège de l'entreprise ?

Il peut arriver qu'un ouvrier étranger employé dans une entreprise nationale, soit envoyé par son patron, travailler dans un autre pays (ouvrier italien employé en France dans une maison française, et envoyé par son patron en Belgique). Cet ouvrier se trouvera dans la même situation qu'un ouvrier français : il sera soumis à la loi belge si son emploi en Belgique est permanent, et à la loi du pays de l'entreprise, s'il est temporaire.

Notre règle se vérifiera encore alors même que l'entreprise employant cet ouvrier étranger, serait elle-même étrangère. Ainsi, un ouvrier italien employé dans une maison allemande en France, et envoyé en Belgique, étant attaché à une entreprise assujettie à la loi française, bénéficiera également de cette loi si son emploi à l'étranger est temporaire, et tombera sous le coup de la loi du lieu de l'accident, dans le cas contraire. Le lieu où le contrat de louage de services aura été conclu, n'aura ici non plus aucune influence ; du moment que la victime était employée dans une entreprise exploitée en France et régie par conséquent par la loi française, elle devra être traitée comme si l'entreprise dont elle dépend était française.

La règle que nous préconisons s'appuie donc sur la raison et l'équité. Elle est conforme à l'esprit de plusieurs législations qui étendent leur protection aux ouvriers occupés temporairement en pays étrangers, comme la loi française et la loi allemande, et de celles qui en excluent les ouvriers occupés dans le pays à titre temporaire, comme la loi allemande. Elle a été d'ailleurs consacrée par les traités franco-belge, franco-luxembourgeois, franco-anglais, belgo-luxembourgeois, germano-luxembourgeois et germano-hollandais. Enfin elle a été adoptée par le Congrès de l'Association internationale pour la protection légale des travailleurs, tenu à Lucerne en 1908. Nous souhaitons qu'elle soit bientôt universellement admise.

ANNEXES

Arrangement franco-italien

ARTICLE PREMIER. — Les ouvriers ou employés de nationalité italienne victimes d'accidents par le fait ou à l'occasion du travail sur le territoire français ou leurs représentants, auront droit aux mêmes indemnités que celles qui sont accordées aux ouvriers ou employés de nationalité française ou à leurs représentants, et réciproquement.

ART. 2. — Ces dispositions sont également applicables, dans les conditions prévues aux articles ci-après, aux ayants droit qui ne résidaient pas sur le territoire du pays où s'est produit l'accident lorsqu'il est survenu, ou qui ont postérieurement cessé d'y résider.

ART. 3. — En cas d'accidents donnant lieu à enquête, avis de la clôture de l'enquête doit être immédiatement donné à l'autorité consulaire du ressort dans l'étendue duquel se trouvait la résidence de la victime au moment de l'accident, afin qu'elle puisse prendre connaissance de ladite enquête dans l'intérêt des ayants droit.

ART. 4. — Les chefs d'entreprise et les assureurs de chaque pays auront la faculté de se libérer des arrérages de rentes ou des indemnités dues par eux entre les mains de l'autorité consulaire de l'autre pays visée à l'article précédent, à laquelle il appartiendra de produire les pièces d'identité et certificats de vie, ainsi que de pourvoir à l'envoi des arrérages ou des indemnités à ceux de ses nationaux qui résidaient dans son ressort au moment de l'accident.

ART. 5. — La Caisse nationale italienne d'assurances contre les accidents assurera, suivant le tarif conventionnel annexé au présent engagement, le risque d'indemnités aux représentants ne résidant pas en France des ouvriers italiens victimes d'accidents, au profit des assureurs français désireux de se décharger de toutes recherches et démarches éventuelles à cet égard.

Ce tarif, établi à titre provisoire, sera aussitôt que possible revisé par les administrations compétentes des deux pays d'après les données techniques à recueillir.

ART. 6. — Lorsque le chef d'entreprise ou l'assureur aura constitué à la Caisse nationale française des retraites pour la vieillesse les rentes dues à des ouvriers italiens ou à leurs représentants, les arrérages, à la demande de ces derniers, leur en seront servis par les soins de la Caisse nationale italienne de prévoyance pour l'invalidité et la vieillesse des ouvriers. Dans ce cas, la Caisse nationale française se libérera vis-à-vis de la Caisse nationale italienne par l'envoi trimestriel du montant des arrérages échus qu'elle eût payés en France.

En ce qui concerne les rentes dont la quotité est devenue définitive, la Caisse nationale française pourra se libérer vis-à-vis de la Caisse nationale italienne par le versement en capital de leur valeur actuelle d'après le tarif auquel la rente aura été acquise; ce versement sera employé à la constitution d'une rente, telle qu'elle résultera du tarif en vigueur pour la Caisse nationale italienne au moment du versement.

ART. 7. — Lorsque le chef d'entreprise ou l'assureur aura versé à la Caisse nationale italienne de prévoyance les indemnités dues à des ouvriers français, cette dernière, sur leur demande, leur enverra par mandats postaux le montant des sommes qu'elle leur eût payées en Italie.

En ce qui concerne les rentes dont la quotité est devenue définitive, elle pourra se libérer par le versement à la Caisse nationale française des retraites de leur valeur actuelle en capital, d'après le tarif auquel la rente aura été acquise : ce versement sera employé à la constitution d'une rente, telle qu'elle résultera du tarif en vigueur pour la Caisse nationale française au moment du versement.

Les indemnités allouées à la suite d'accidents mortels survenus à des ouvriers français en Italie pourront être versées globalement à la Caisse des dépôts et consignations de France, qui en tiendra le montant à la disposition des intéressés, sous justification de leurs droits.

Art. 8. — Les mandats postaux prévus au premier paragraphe de l'article 7, ainsi que les envois de fonds par la Caisse nationale des retraites à la Caisse nationale italienne de prévoyance, ou réciproquement, en exécution des deux articles précédents, feront l'objet de mandats d'office dans les conditions spécifiées à l'article 5 de l'arrangement relatif aux transferts de fonds entre les Caisses d'épargne ordinaires de ce pays.

Art. 9. — Les deux Caisses nationales garderont toujours le droit de modifier pour l'avenir leurs tarifs respectifs.

Art. 10. — L'exemption des taxes et les avantages fiscaux actuellement accordés par la loi française pour les documents à présenter afin d'obtenir le payement des indemnités seront appliqués aussi dans le cas où ces documents seraient réclamés pour le payement d'une indemnité conformément à la loi italienne, et réciproquement.

Art. 11. — Dans le cas où un ouvrier italien ne résidant point en France ne recevrait pas à échéance les arrérages auxquels il aurait droit et ferait appel au fonds de garantie institué par la loi française, les attributions dévolues en cette matière à l'autorité municipale seraient remplies, à son égard, par l'autorité consulaire italienne à Paris, dans les conditions concertées entre les administrations compétentes des deux pays.

Art. 12.— Chaque partie contractante se réserve la faculté, dans le cas de force majeure ou de circonstances graves, de suspendre en tout ou en partie les effets du présent arrangement, en ce qui concerne les services respectivement confiés aux Caisses nationales des deux pays. Avis en devra être donné aux administrations compétentes de l'autre État par la voie diplomatique. L'avis fixera la date à partir de laquelle les dispositions relatives auxdits services cesseront d'avoir effet.

Art. 13.— Les administrations compétentes des deux pays détermineront de concert les justifications à produire dans les cas prévus par les articles 4, 5, 6 et 7 ainsi que les conditions d'application desdits articles aux victimes d'accidents ou à leurs représentants qui résideraient ailleurs qu'en France et en Italie.

Elles arrêteront en même temps toutes les mesures de détail et d'ordre nécessaires pour l'exécution du présent arrangement.

Art. 14. — Le présent arrangement aura force et valeur à partir du jour dont les deux États conviendront, dès que la promulgation aura été faite d'après les lois particulières à chacun d'eux.

Sauf le cas prévu par la Convention du 15 avril 1904, le présent arrangement restera en vigueur pendant la durée de cinq années. Les deux parties contractantes devront se prévenir mutuellement une année à l'avance, si leur intention est d'y mettre fin à l'expiration de ce terme. A défaut d'un tel avis, l'arrangement sera prorogé d'année en année pour un délai d'un an, par tacite reconduction.

Art. 15. — Lorsque l'une des deux parties contractantes aura annoncé à l'autre son intention d'en faire cesser les effets, l'arrangement continuera d'avoir son exécution pleine et entière, en ce qui concerne les attributions dévolues aux autorités consulaires et les obligations ou facultés prévues par les Caisses nationales des deux pays, sauf le règlement des comptes alors en cours entre elles et le service de tous les arrérages des rentes dont elles auraient antérieurement reçu les capitaux constitutifs.

ANNEXE II

Règlement pour l'exécution de l'arrangement signé le 9 juin 1906 entre la France et l'Italie, relativement à la réparation des dommages résultant des accidents du travail (1).

ARTICLE PREMIER. — L'avis de clôture d'enquête d'accident adressé « immédiatement » à l'autorité consulaire en vertu de l'article 3 de l'arrangement du 9 juin 1906, mentionnera les nom, prénoms, profession, domicile, lieu et date de naissance de la victime de l'accident, le lieu où elle se trouve, et, lorsque l'accident a entraîné ou paraît devoir entraîner la mort, les nom, prénoms, profession, domicile, lieu et date de naissance des ayants droit pouvant, le cas échéant, prétendre à une indemnité.

Il rappellera en outre la date à laquelle le dossier de l'enquête cessera d'être déposé au greffe de la justice de paix ou à la chancellerie de la préture pour être transmis à l'autorité judiciaire compétente.

Au reçu de cette communication, l'autorité consulaire se mettra immédiatement en rapport, s'il y a lieu, avec la victime ou ses ayants droit, en vue de la sauvegarde de leurs droits.

ART. 2. — Les débiteurs qui voudront user de la faculté

(1) *Journal Officiel* du 20 décembre 1907.

que leur accorde l'article 4 de l'arrangement, de se libérer
entre les mains de l'autorité consulaire des arrérages de rentes
ou des indemnités dues par eux, devront adresser, à cet effet,
par lettre recommandée, à l'autorité consulaire visée audit
article, ou lui remettre, contre récépissé immédiat une déclaration contenant :

1º Les nom, prénoms, profession, domicile, lieu et date de
naissance de la victime ou des ayants droit ;

2º La date de l'accident ;

3º Si les bénéficiaires sont incapables, les noms, prénoms,
professions et domiciles de leurs représentants légaux ;

4º L'indication de la décision judiciaire ou du titre fixant la
rente ou l'indemnité ;

5º Le montant des arrérages ou de l'indemnité dus ;

6º La date d'exigibilité.

L'autorité consulaire, dans un délai maximum de trois jours,
réclamera à la victime ou à ses ayants droit, les pièces d'identité et certificats de vie et, dès réception, les produira au débiteur. Elle lui donnera quittance des sommes reçues qu'elle
transmettra immédiatement aux créanciers.

La déclaration prévue au premier alinéa ci-dessus n'aura
pas besoin d'être renouvelée à chaque échéance par les débiteurs qui auront déclaré vouloir périodiquement s'acquitter
des arrérages des rentes à leur charge entre les mains de l'autorité consulaire. Celle-ci leur produira les certificats de vie
du rentier aux échéances.

Si les victimes d'accidents ou leurs représentants résident
ailleurs qu'en France et en Italie, le consul leur réclamera par
la voie consulaire les pièces à produire.

Toutes les diligences, démarches, correspondances ou pro-
ductions d'actes incombant à l'autorité consulaire en exécution du présent article et l'article précédent seront gratuites
au regard des victimes d'accidents ou de leurs ayants droit,
qui ne devront à aucun titre en supporter la charge.

ART. 3. — Les titulaires de rentes qui voudront bénéficier de la disposition du premier alinéa de l'article 6 de l'arrangement à l'effet d'obtenir le service des arrérages par les soins de la Caisse nationale italienne de prévoyance pour l'invalidité et la vieillesse des ouvriers devront adresser leurs demandes à la Caisse nationale des retraites pour la vieillesse.

Ces demandes indiqueront les nom, prénoms, profession, domicile du titulaire et, s'il est incapable, ceux de son représentant légal, le numéro d'inscription du titre de rente, le montant des trimestres échus, la date de leur échéance, le lieu où le paiement devra en être effectué.

L'autorisation de payer sera donnée à la Caisse nationale italienne de prévoyance par la Caisse nationale des retraites pour la vieillesse qui lui transmettra, à cet effet, une copie de la demande. La Caisse nationale italienne effectuera le paiement, contre quittance, entre les mains du porteur de l'extrait d'inscription et du certificat de vie du rentier. Ledit certificat devra, s'il s'agit d'un mineur, mentionner qu'il a été délivré à la requête du tuteur, ou, s'il s'agit d'un conjoint survivant, constater que l'intéressé n'est point remarié. En outre, lors du dernier paiement effectué sur un extrait d'inscription émis au nom d'un orphelin parvenu à sa seizième année, cet extrait devra être envoyé à la Caisse nationale des retraites, qui émettra, s'il y a lieu à réversibilité, de nouveaux extraits d'inscription.

L'autorisation visée à l'alinéa précédent n'aura pas besoin d'être renouvelée trimestriellement en ce qui concerne les rentiers qui auront déclaré se fixer à titre définitif en Italie et vouloir y toucher les arrérages de leur pension. Les paiements subséquents pourront alors être effectués directement par la Caisse nationale italienne de prévoyance, sous sa responsabilité.

Toutefois, en cas de décès du rentier, le paiement du prorata d'arrérages acquis au jour du décès n'aura lieu qu'après examen par la Caisse nationale des retraites pour la vieillesse des documents justificatifs produits par les représentants de la victime à l'appui de leur réclamation.

ART. 4. — Les demandes des versements visées au deuxième alinéa de l'article 6 de l'arrangement pourront être produites à la Caisse nationale italienne de prévoyance par la Caisse nationale des retraites pour la vieillesse au moins quinze jours avant l'expiration de chaque trimestre et devront indiquer :

Les noms, prénoms, professions et domiciles des bénéficiaires ;

Les lieux et dates de leur naissance ;

Les dates des accidents ;

Celles des décisions judiciaires allouant les rentes ;

La quotité définitive de ces rentes ;

Les salaires d'après lesquels les rentes auront été liquidées ;

Le cas échéant, la réduction que l'accident aura fait subir au salaire ou à la capacité de travail ;

Et tous les éléments de calcul ayant servi à la détermination de la valeur des rentes en capital au premier jour du trimestre suivant.

Les pièces justificatives initialement produites à l'appui de la constitution de rente devront être représentées à l'appui de la demande de versement visée à l'alinéa précédent.

Après vérification des calculs par la Caisse nationale italienne de prévoyance et sur l'acquiescement qui lui sera adressé par elle, la Caisse nationale des retraites pour la vieillesse effectuera à ladite Caisse le versement du capital représentatif des rentes et sera dès lors libérée à l'égard des bénéficiaires.

La Caisse nationale italienne de prévoyance en appliquera le montant à la constitution, d'après son propre tarif, de rentes de même nature et de même durée qui devront être servies dans les conditions spécifiées par la législation française.

La Caisse nationale italienne de prévoyance notifiera aux bénéficiaires la quotité des rentes nouvelles auxquelles ils auront désormais droit et leur communiquera, sur leur demande, les éléments des calculs ayant servi à cette fixation.

Art. 5. — Les ouvriers français qui voudront se prévaloir de la disposition du premier alinéa de l'article 7 de l'arrangement produiront à cet effet, à la Caisse italienne de prévoyance, une demande signée par eux, ou dûment établie en leur nom, mentionnant :

Leurs noms, prénoms, profession et domicile ;

La décision ou le titre ayant liquidé l'indemnité ;

Le numéro du certificat de rente viagère délivré au titulaire ;

Le montant des sommes réclamées et la date de leur exigibilité ;

La résidence ou le paiement devra en être effectué.

A cette demande sera joint un certificat de vie constatant l'existence du bénéficiaire au jour de l'échéance.

Ladite demande n'aura pas besoin d'être renouvelée à chaque échéance par les bénéficiaires qui auront déclaré à la Caisse nationale italienne de prévoyance vouloir recevoir périodiquement le montant de leur indemnité à la résidence indiquée. Il leur suffira de produire en pareil cas, à chaque échéance, leur certificat de vie.

Art. 6. — Les demandes de versements visées au deuxième alinéa de l'article 7 de l'arrangement devront être produites à la Caisse nationale des retraites pour la vieillesse par la Caisse nationale italienne de prévoyance au moins quinze jours avant l'expiration de chaque trimestre et devront indiquer :

Les noms, prénoms professions et domiciles des bénéficiaires ;

Les lieux et dates de naissance :

Les dates des accidents ;

Celles des décisions judiciaires ou des titres allouant les rentes ;

La quotité définitive de ces rentes ;

Les salaires d'après lesquels les rentes auront été liquidées ;

Le cas échéant, la réduction que l'accident aura fait subir au salaire ou à la capacité de travail ;

Et tous les éléments de calcul ayant servi à la détermination de la valeur des rentes en capital au premier jour du trimestre suivant.

Les pièces justificatives initialement produites à l'appui de la constitution de rente devront être représentées à l'appui de la demande de versement visée à l'alinéa précédent.

Après vérification des calculs par la Caisse nationale des retraites pour la vieillesse et sur l'acquiescement qui lui sera adressé par elle, la Caisse nationale italienne de prévoyance effectuera à ladite Caisse le versement du capital représentatif des rentes et sera dès lors libérée à l'égard des bénéficiaires.

La Caisse nationale des retraites pour la vieillesse en appliquera le montant à la constitution, d'après son propre tarif, de rentes de même nature qui devront être servies dans les conditions spécifiées par la législation italienne.

La Caisse nationale des retraites notifiera aux bénéficiaires la quotité des rentes nouvelles auxquelles ils auront désormais droit et leur communiquera, sur leur demande, les éléments des calculs ayant servi à cette fixation.

ART. 7. — Dans le cas prévu au troisième alinéa de l'article 7 de l'arrangement, le chef d'entreprise ou l'assureur qui voudra user de la faculté établie par ledit article adressera au directeur général de la Caisse des dépôts et consignations à Paris, le montant global de l'indemnité due aux ayants droit, en indiquant le taux du salaire qui a servi de base à la liquidation et le montant des indemnités journalières ou provisionnelles que pourrait avoir reçues la victime avant sa mort et qui devraient être déduites de l'indemnité définitive.

Il produira, à l'appui de cet envoi, une copie de l'acte de décès de la victime et un bordereau contenant les noms, prénoms, professions et domiciles de ses ayants droit ou de ses héritiers avec, en regard, le montant des sommes revenant à chacun d'eux dans la répartition de l'indemnité.

Le directeur général de la Caisse des dépôts et consignations adressera quittance à l'envoyeur de la somme reçue ; avisera les intéressés de ce dépôt et effectuera le paiement à chaque ayant droit, ayant sur justification de son existence et de son identité, de la somme indiquée par le chef d'entreprise ou l'assureur.

Art. 8. — Les paiements à faire aux victimes d'accidents ou à leurs représentants qui résideront ailleurs qu'en France et en Italie, seront effectués soit par la Caisse italienne, soit par la Caisse nationale des retraites pour la vieillesse, dans les conditions déterminées par leurs règlements respectifs pour les paiements à faire à leurs nationaux.

Art. 9. — En ce qui concerne les opérations prévues aux articles 6 et 7 de l'arrangement, il sera établi à la fin de chaque mois, par la Caisse nationale des retraites pour la vieillesse et par la Caisse nationale italienne de prévoyance, un décompte, appuyé des pièces justificatives de toutes les sommes respectivement dues par l'une de ces Caisses à l'autre. Après vérification contradictoire de ces décomptes, la Caisse finalement débitrice se libérera immédiatement envers l'autre au moyen des mandats postaux prévus à l'article 8 de l'arrangement.

Art. 10. — Pour l'exécution de l'article 11 de l'arrangement, les déclarations prévues par la réglementation française seront effectuées dans les mêmes formes devant les maires italiens, et transmises par eux au conseil général d'Italie à Paris, qui en opérera la traduction certifiée et les adressera directement au directeur général de la Caisse des dépôts et consignations avec une demande de paiement par le fonds de garantie. Il joindra à ladite demande la certification de l'existence des rentiers, ainsi que de la capacité et des pouvoirs des réclamants et attestera, s'il s'agit de la réclamation d'un conjoint, que le bénéficiaire n'est pas remarié.

Les sommes dues au réclamant pourront être remises ou expédiées pour son compte au consul général d'Italie à Paris, qui en donnera quittance libératoire et les lui transmettra.

ART. 11. — Les correspondances, les formules imprimées et en général les communications de toute nature entre les administrations et les caisses françaises et italiennes seront rédigées en langue française.

ART. 12. — L'article 4 et les articles 6 et suivants de l'arrangement du 9 juin 1906 seront mis à exécution le 1ᵉʳ janvier 1908, ainsi que le présent règlement, lequel aura la même durée que l'arrangement, sous réserve des modifications qui pourrait à toute époque y être apportées d'un commun accord par les administrations des deux pays.

L'article 5 de l'arrangement du 9 juin 1906 ne deviendra applicable qu'à l'époque ultérieurement déterminée par les administrations compétentes des deux pays, dès qu'elles auront pu concerter les conditions d'exécution dudit article.

ANNEXE III

Règlement concernant l'exécution de l'article 5 de l'arrangement signé, le 9 juin 1906, entre la France et l'Italie, relativement à la réparation des dommages résultant des accidents du travail (1).

En application de l'article 5 de l'arrangement signé le 9 juin 1906 entre la France et l'Italie, relativement à la répa-

---

(1) *Journal Officiel* du 1ᵉʳ déc. 1908.

ration des dommages résultant des accidents du travail, les administrations compétentes française et italienne ont, d'un commun accord, arrêté les dispositions suivantes :

ARTICLE PREMIER. — Les assureurs français qui voudront user du bénéfice de l'article 5 de l'arrangement du 9 juin 1906 devront produire à la caisse nationale italienne d'assurance contre les accidents une copie certifiée conforme du contrat d'assurance, objet de la réassurance et lui fournir, dûment vérifié par leurs agents, le décompte des salaires payés par l'assuré pendant les douze mois précédents aux ouvriers italiens occupés dans l'entreprise, et dont les ayants droit ne résident pas en France.

ART. 2. — Dès la réception de ces pièces, la caisse nationale italienne délivrera un contrat conforme au modèle annexé au présent règlement.

ART. 3. — Les procédures seront suivies en France par les assureurs français réassurés, qui communiqueront à la caisse nationale italienne d'assurance contre les accidents les décisions judiciaires intervenues. Dès réception de ces décisions, ladite caisse effectuera le payement des indemnités ainsi liquidées.

ART. 4. — Dans le cas où l'assureur français aurait été mis en demeure d'effectuer lui-même de tels payements, il aurait le droit d'en réclamer le remboursement à la caisse italienne.

ART. 5. — Pour l'exécution du présent règlement, le Ministère du Travail et de la Prévoyance sociale adressera au Ministère Italien de l'Agriculture, du Commerce et de l'Industrie la liste des assureurs français admis à pratiquer l'assurance contre les accidents du travail et l'avisera de toutes les modifications survenues.

ART. 6. — A la demande de la caisse nationale italienne, le ministre du Travail et de la Prévoyance sociale chargera les commissaires contrôleurs des sociétés d'assurances contre les accidents du travail de vérifications déterminées au siège des sociétés d'assurances, en ce qui concerne les contrats de réassurance susvisés.

ART. 7. — L'article 5 de l'arrangement du 9 juin 1906 sera mis à exécution le 1er janvier 1909, ainsi que le présent règlement, lequel aura la même durée que l'arrangement.

ART. 8. — Dans le cas de force majeure ou de circonstances graves, le gouvernement italien pourra suspendre, pour l'avenir, le service de réassurance confié à la caisse nationale italienne d'assurance contre les accidents, à charge d'en donner avis au gouvernement français dans les conditions prévues par l'article 12 de l'arrangement du 9 juin 1906.

ANNEXE

Modèle de contrat de réassurance collective pour les indemnités dues aux représentants ne résidant pas en France des ouvriers italiens victimes d'accidents.

I

DISPOSITIONS GÉNÉRALES

ARTICLE PREMIER. — Dans le présent contrat on appelle : *Cassa Nazionale Infortuni* (abrégé C N I) la caisse nationale d'assurance pour les ouvriers victimes d'accident dans leur travail, laquelle a son siège à Milan et offre la réassurance ; *contractant :* la société d'assurance française réassurée ; *ouvriers :* les ouvriers de nationalité italienne dont les ayants droit ne résident pas en France.

ART. 2. — Par la réassurance la Cassa nazionale infortuni s'engage, au lieu du contractant, à faire les recherches nécessaires concernant les ayants droits des ouvriers victimes d'accidents, et à verser à la caisse nationale italienne de prévoyance les capitaux nécessaires pour la constitution des rentes viagères prévues, dans le cas de mort, par la loi française sur les accidents du travail.

ART. 3. — La réassurance comprend tous les ouvriers occupés dans l'entreprise spécifiée dans les conditions particulières du présent contrat.

ART. 4. — La durée du présent contrat est d'un an, à compter de la date stipulée aux conditions particulières, et, s'il n'a pas été dénoncé deux mois avant ledit terme par l'un des deux contractants, il sera renouvelé par tacite reconduction pour une égale période de temps et ainsi de suite.

ART. 5. — Pour stipuler la réassurance, le contractant doit communiquer à la Cassa nazionale infortuni une copie conforme certifiée de la proposition et du contrat d'assurance, et, en outre, un état, dûment vérifié et visé par la société d'assurance française, du nombre des ouvriers et des salaires payés aux mêmes ouvriers dans les douze derniers mois. Il devra, la première fois qu'il souscrira un contrat de réassurance, verser la somme de 10 francs à titre de droit de chancellerie.

ART. 6. — Le contractant devra notifier à la Cassa nazionale infortuni toutes les variations dans le risque réassuré, dans les cinq jours à partir de celui où il en aura eu connaissance, et se soumettre au payement d'une prime éventuellement plus forte si le risque, par effet de la variation, devenait plus grave, la réduction du risque, devant, en sens inverse, donner lieu à une réduction de prime. Il devra aussi notifier, dans le susdit délai, tous les autres changements apportés au contrat d'assurance depuis la stipulation du présent contrat.

ART. 7. — La prime de réassurance sera payée après l'échéance de chaque trimestre solaire. Dans les vingt-cinq jours qui suivront cette échéance, le contractant devra fournir à la Cassa nazionale infortuni un état analogue à celui que vise l'article 5, comprenant les salaires réellement payés aux ouvriers dans le trimestre échu, d'après les déclarations fournies par les chefs d'entreprises. D'après le montant dudit état, on établira la prime que le contractant devra verser dans un délai de huit jours à partir de la réception de la notification faite par la Cassa nazionale infortuni.

A défaut par le contractant, aux dates convenues, d'envoyer le relevé des salaires ou d'acquitter les primes exigibles, la Cassa nazionale infortuni le mettra en demeure, par lettre recommandée, d'exécuter le contrat dans un délai de huit jours. Faute de transmission du relevé ou faute de payement dans ce délai, la Cassa nazionale infortuni pourra, par une nouvelle lettre recommandée, suspendre le contrat de réassurance, qui cessera d'avoir effet à compter de la réception de ladite lettre jusqu'au jour de la production du relevé ou du payement, tous les accidents survenus dans l'intervalle demeurant exclus du bénéfice de la réassurance.

Le contractant devra obliger les chefs d'entreprises à tenir en évidence dans leurs livres de paye les ouvriers réassurés et les salaires correspondant.

Le contractant devra fournir toutes les explications et les documents que la Cassa nazionale infortuni pourrait lui demander en vue de justifier les salaires déclarés pour la liquidation de la prime, sans préjudice des contrôles et des inspections prévues par l'article 6 du règlement relatif à l'exécution de l'article 5 de l'arrangement du 9 juin 1906.

Art. 8. — Le contractant notifiera immédiatement à la Cassa nazionale infortuni les accidents suivis de mort et, dans le plus bref délai, transmettra les documents pour la vérification et la liquidation des indemnités. Le contractant s'engage à procéder, avec la plus grande diligence, aux démarches en vue de la vérification des accidents et de la liquidation des indemnités et, en particulier, il devra pourvoir, par l'intervention d'un de ses représentants, à l'enquête et aux démarches judiciaires prévues par la loi française sur les accidents, afin de faire valoir les exceptions de fait et de droit dans l'intérêt de la Cassa nazionale infortuni, comme si c'était dans son intérêt propre.

ART. 9. — En dehors des indemnités prévues par la législation française sur les accidents du travail, la Cassa nazionale infortuni n'est tenue de payer aucune autre somme à aucun titre ; les frais accessoires restent à la charge du contractant, sauf les frais des recherches et démarches prévues à l'article 1er (D) de la convention du 15 avril 1904.

ART. 10. — En cas de contestations judiciaires avec les ayants droit des ouvriers, le contractant doit en informer immédiatement la Cassa nazionale infortuni.

ART. 11. — S'il y a des contestations entre la Cassa nazionale infortuni et le contractant se référant au présent contrat, le jugement sera déféré à trois arbitres, dont deux seront nommés par chacune des parties et le troisième par les deux premiers ou, à défaut, par le président du tribunal civil de Milan.

Les arbitres jugeront le différend à l'amiable et leur jugement sera sans appel. Le siège du collège arbitral sera à Milan où la Cassa nazionale infortuni et la société réassurée élisent domicile pour tous les effets du présent contrat.

ART. 12. — Les actions dérivant du présent contrat seront considérées comme prescrites, si elles ne sont pas exercées dans le délai d'un an à compter du jour où elles auraient pu être exercées, sans préjudice des autres délais et sanctions établis pour chaque cas dans les précédents articles.

II

CONDITIONS PARTICULIÈRES

Ayant pris connaissance du contrat d'assurance stipulé conformément à la loi française sur les accidents du travail par

la société.............. ayant le n°....... de l'agence de
.............; ayant effet depuis le.......... et échéance
le.......... et MM............... exerçant...........;
lesquels dans les douze mois précédents ont occupé en moyenne
journellement N.......... ouvriers italiens désignés dans le
présent contrat, avec une dépense globale pour salaires de
francs......

La Cassa nazionale infortuni consent à la réassurance aux
conditions générales précédentes.

La prime que le contractant doit payer à la Cassa nazionale
infortuni est fixée en francs à....... par chaque mille francs
de salaire, et sera payée aux échéances des 1er avril, 1er juillet, 1er octobre et 1er janvier d'après les salaires réellement
payés aux ouvriers conformément à l'article 7 des conditions
générales.

La première partie de la prime sera payée le............
et comprendra la période depuis le....... jusqu'au.. .....

Fait en double original à...... le.......

« Cassa Nazionale Infortuni »

Le contractant.

ANNEXE IV

Convention franco-belge du 21 février 1906

ARTICLE PREMIER. — Les sujets belges, victimes d'accidents du travail, en France ainsi que leurs ayants droit, seront
admis au bénéfice des indemnités et des garanties attribuées
aux citoyens français par la législation en vigueur sur la responsabilité des accidents du travail.

Par réciprocité, les citoyens français victimes d'accidents
du travail en Belgique, ainsi que leurs ayants droit, seront

admis au bénéfice des indemnités et des garanties attribuées aux sujets belges par la législation en vigueur sur la réparation des dommages résultant des accidents du travail.

ART. 2. — Il sera toutefois fait exception à cette règle lorsqu'il s'agira de personnes détachées à titre temporaire et occupées depuis moins de six mois sur le territoire de celui des deux États contractants où l'accident est survenu, mais faisant partie d'une entreprise établie sur le territoire de l'autre État. Dans ce cas, les intéressés n'auront droit qu'aux indemnités et garanties prévues par la législation de ce dernier État.

Il en sera de même pour des personnes attachées à des entreprises de transports et occupées de façon intermittente, même habituelle, dans le pays autre que celui où les entreprises ont leur siège.

ART. 3. — Les exemptions prononcées en matière de timbre, de greffe et d'enregistrement et la délivrance gratuite stipulée par la législation belge sur les accidents du travail sont étendues aux actes, certificats et documents visés par cette législation, qui seront passés ou délivrés aux fins d'exécution de la loi française.

Réciproquement, les exemptions prononcées et la délivrance gratuite stipulée par la législation française sont étendues aux actes, certificats et documents visés par cette législation, qui seront passés ou délivrés aux fins d'exécution de la loi belge.

ART. 4. — Les autorités françaises et belges se prêteront mutuellement leurs bons offices en vue de faciliter de part et d'autre l'exécution des lois relatives aux accidents du travail.

ART. 5. — La présente convention sera ratifiée et les ratifications seront échangées à Paris le plus tôt possible.

Elle entrera en vigueur en France et en Belgique un mois après qu'elle aura été publiée dans les deux pays, suivant les formes prescrites par leur législation respective.

Elle demeurera obligatoire jusqu'à l'expiration d'une année

à partir du jour où l'une ou l'autre des parties contractantes l'aura dénoncée.

ANNEXE V

Convention franco-luxembourgeoise du 27 juin 1906

ARTICLE PREMIER. — Les sujets luxembourgeois victimes d'accidents du travail en France, ainsi que leurs ayants droit seront admis au bénéfice des indemnités et des garanties attribuées aux sujets français par la législation en vigueur sur les responsabilités des accidents du travail.

Par réciprocité, les sujets français .. (pour la suite, comme le traité franco-belge).

ANNEXE VI

Accord franco-anglais du 3 juillet 1909

ARTICLE PREMIER. — Les sujets britanniques victimes d'accidents du travail en France, ainsi que leurs ayants droit, seront admis au bénéfice des indemnités et des garanties attribuées aux citoyens français par la législation en vigueur sur les responsabilités des accidents du travail.

Par réciprocité, les citoyens français victimes d'accidents du travail dans le Royaume-Uni de la Grande-Bretagne et d'Irlande, ainsi que leurs ayants droit, seront admis au bénéfice des indemnités et des garanties attribuées aux sujets britanniques par la législation en vigueur sur la réparation des dommages résultant des accidents du travail, complétée à leur égard, dans les conditions spécifiées à l'article 5 ci-après.

ART. 2. — Toutefois, la présente convention ne sera point applicable aux personnes détachées à titre temporaire et occupées depuis moi... six mois sur le territoire de celui des deux États contractants où l'accident est survenu, mais faisant partie d'une entreprise établie sur le territoire de l'autre État. Dans ce cas, les intéressés n'auront droit qu'aux indemnités et garanties prévues par la législation de ce dernier État.

Il en sera de même pour les personnes attachées à des entreprises de transport et occupées de façon intermittente, même habituelle, dans le pays autre que celui où les entreprises ont leur siège.

ART. 3. — Les autorités françaises et britanniques se prêteront mutuellement leurs bons offices, en vue de faciliter de part et d'autre l'exécution des lois relatives aux accidents du travail.

ART. 4. — La présente convention sera ratifiée, et les ratifications seront échangées, à Paris, le plus tôt possible.

Elle sera applicable en France et dans le Royaume-Uni de la Grande-Bretagne et d'Irlande pour tous les accidents survenus un mois après qu'elle aura été publiée dans les deux pays, suivant les formes prescrites par leur législation respective, et elle demeurera obligatoire jusqu'à l'expiration d'une année à partir du jour où l'une ou l'autre des parties contractantes l'aura dénoncée.

ART. 5. — Toutefois, la ratification prévue à l'article précédent ne pourra intervenir que lorsque la législation du Royaume-Uni de la Grande-Bretagne et d'Irlande sur les accidents du travail actuellement en vigueur aura été complétée, en ce qui concerne les accidents du travail survenus à des Français, par des dispositions spécifiant :

a) Que les indemnités seront, dans tous les cas, obligatoirement fixées par la Cour de Comté;

b) Qu'en cas de rachat de ces indemnités la somme due, toutes les fois qu'elle représentera le capital constitutif d'une rente supérieure à 100 francs (4 L.), devra être versée à la Cour, pour être employée, par ses soins, à la constitution d'une rente viagère au profit des bénéficiaires;

c) Que dans les cas où le capital représentatif de l'indemnité aura été versé par le chef de l'entreprise à la Cour de Comté, si la victime d'accident revient résider en France, ou bien si ses représentants y résidaient au moment de sa mort ou reviennent y résider ultérieurement, le montant dû à la victime ou à ses représentants sera, par les soins de la Cour, versé à la Caisse nationale française des retraites pour la vieillesse, qui en emploiera le montant à la constitution de rentes d'après son tarif au moment du versement, et que dans le cas où le capital n'aura pas été versé à la Cour, et où la victime d'accident reviendra résider en France, l'indemnité sera remise au bénéficiaire par les soins de la Cour à des époques et dans les conditions dont conviendront les administrations compétentes des deux pays;

d) Que pour tous les actes accomplis par la Cour de Comté en vertu de la législation sur les accidents du travail, aussi bien qu'en exécution de la présente convention, les Français seront exempts de tous frais, impôts et taxes;

e) Qu'il sera produit au début de chaque année au Département du Travail et de la Prévoyance sociale par le principal Secrétaire d'Etat de Sa Majesté britannique pour le « Home Department » copie de toutes les décisions judiciaires rendues pendant l'année précédente, à la suite des accidents survenus à des Français dans le Royaume-Uni de la Grande-Bretagne et d'Irlande.

ANNEXE VII

Convention belgo-luxembourgeoise du 15 avril 1905

Son Altesse royale le Grand-Duc de Luxembourg et Sa Majesté le Roi des Belges, également animés du désir d'assurer aux ressortissants de leurs Etats respectifs le bénéfice réciproque de la législation en vigueur sur la réparation des dommages résultant des accidents du travail, ont résolu de conclure à cet effet une convention et ont nommé pour leurs plénipotentiaires, savoir : ...

ARTICLE PREMIER. — Les ouvriers luxembourgeois victimes d'accidents du travail en Belgique, ainsi que leurs ayants droit, seront admis au bénéfice des mêmes indemnités et des mêmes garanties que les sujets belges. Par réciprocité, les ouvriers belges victimes d'accidents du travail dans le Grand-Duché de Luxembourg, ainsi que leurs ayants droit, seront admis au bénéfice des mêmes indemnités et des mêmes garanties que les sujets luxembourgeois.

ART. 2. — Il sera cependant fait exception à la règle précédente lorsqu'il s'agira d'ouvriers, sans distinction de nationalité, qui sont occupés passagèrement, c'est-à-dire pendant six mois au plus, sur le territoire de celui des deux Etats contractants où l'accident est survenu, mais qui sont attachés à une entreprise située sur le territoire de l'autre Etat, auquel cas la législation de ce dernier Etat sera seule applicable.

ART. 3. — Les dispositions de l'article 18, n° 2, et de l'article 49, alinéa 1, de la loi luxembourgeoise du 5 avril 1902 sont suspendues expressément au profit des ayants droit de nationalité belge.

ART. 4. — Les dispositions des articles 1, 2 et 3 de la présente Convention seront semblablement applicables aux personnes que les lois de chacun des Etats contractants assimilent aux ouvriers en ce qui concerne la réparation des dommages résultant des accidents du travail.

ART. 5. — Les exemptions prononcées en matière de timbre, de greffe et d'enregistrement, et la délivrance gratuite stipulée par la législation luxembourgeoise sur les accidents du travail, sont étendues aux actes, certificats et documents visés par cette législation qui seront passés ou délivrés aux fins d'exécution de la loi belge. Réciproquement, les exemptions prononcées et la délivrance gratuite stipulée par la législation belge sont étendues aux actes, certificats et documents visés par cette législation et qui seront passés ou délivrés aux fins d'exécution de la loi luxembourgeoise.

ART. 6. — Les autorités luxembourgeoises et belges se prêteront mutuellement leurs bons offices en vue de faciliter de part et d'autre l'exécution des lois relatives aux accidents du travail.

ART. 7. — La présente Convention sera ratifiée et les ratifications seront échangées à Bruxelles le plus tôt possible.

Elle entrera en vigueur dix jours après la publication dans les formes prescrites par la législation des deux pays, et demeurera obligatoire jusqu'à l'expiration d'une année à partir du jour où l'une ou l'autre des parties contractantes l'aura dénoncée.

En foi de quoi les plénipotentiaires ont signé la présente Convention et y ont apposé leurs cachets.

ANNEXE VIII

Convention belgo-luxembourgeoise complémentaire du 22 mai 1909

ARTICLE PREMIER. — La disposition ci-après est ajoutée comme second alinéa à l'article 2 de la convention du 15 avril 1905 :

« Il en sera de même pour les personnes attachées à des entreprises de transport et occupées de façon intermittente, même habituelle, dans le pays autre que celui où les entreprises ont leur siège. »

ART. 2. — La présente convention additionnelle aura même valeur et durée que la convention du 15 avril 1905.

Elle sera ratifiée, et les ratifications seront échangées à Bruxelles le plus tôt possible.

Elle entrera en vigueur dix jours après la publication dans les formes prescrites par la législation des deux pays.

ANNEXE IX

Convention germano-luxembourgeoise du 2 septembre 1905

ARTICLE PREMIER. — A défaut d'autres accords intervenus entre les assureurs compétents des deux Etats et ratifiés par le Gouvernement du Grand-Duché du Luxembourg et le chancelier de l'Empire allemand, les exploitations assurées obligatoirement d'après les lois d'assurance-accidents des deux Etats (exception faite pour les exploitations agricoles et forestières), sont soumises, en ce qui concerne les personnes employées dans la partie de l'exploitation qui étend passagèrement son activité sur le territoire de l'autre Etat et pour la durée de leur emploi, à l'assurance-accident de l'Etat dans lequel se trouve le siège de la principale entreprise ou de l'entreprise totale.

N'est considérée au sens de l'arrangement comme « partie d'exploitation étendant passagèrement son activité » que celle dont la durée probable ne dépasse pas 6 mois. Pour chaque partie de l'exploitation, ce laps de temps est compté séparément.

Doivent être aussi considérés comme passagèrement occupés : le personnel des chemins de fer qui franchit la frontière avec les trains qui la traversent et les personnes qui, sans changer le siège de leurs fonctions, sont, en cas d'urgence, envoyées moins de 6 mois dans le domaine de l'autre Etat, pour les besoins du service des chemins de fer.

Art. 2. — S'il s'élève des doutes sur le point de savoir si, d'après les dispositions de l'article 1, les lois d'assurances contre les accidents de l'un ou de l'autre Etat doivent être appliquées — à défaut d'entente entre les assureurs des deux pays entre eux et avec l'entrepreneur de l'exploitation et aussi au cas de procédure d'indemnité avec l'ayant droit — les autorités de l'Etat dans lequel auront été accomplis les travaux de l'exploitation, cause du différend — en l'occurrence pour le Luxembourg, le Gouvernement — pour l'Empire allemand, l'administration impériale des assurances — tranchent la difficulté avec compétence exclusive et en dernier ressort.

La décision rendue conformément au § 1 s'applique aux assureurs dans l'autre Etat — et sert de règle sans effet rétroactif pour la procédure à suivre et notamment aux questions de contribution, d'indemnité et pour savoir si les organisations dans l'un ou dans l'autre pays sont compétentes pour le traitement ultérieur de l'affaire.

Avant la décision dont il est question au § 1, l'assureur intéressé, l'entrepreneur, et, en cas de procédure d'indemnité, l'ayant droit peuvent être entendus ; la décision intervenue doit être signifiée à l'intéressé.

Art. 3. — S'il s'agit d'un accident donnant sans aucun doute lieu à indemnité, mais que des difficultés subsistent sur le point de savoir s'il incombe aux assureurs de l'un ou l'autre Etat, le premier assureur, saisi de l'affaire conformément aux prescriptions légales valables pour lui, doit, en attendant, prendre soin de l'ayant droit.

La charge définitive en incombe à l'assureur désigné à bref délai comme tenu d'indemniser.

ART. 4. — Si, d'après les principes de cet arrangement, des exploitations isolées ou des parties d'exploitation ont à passer de l'assurance-accident d'un pays à celle d'un autre, cette mutation n'a lieu qu'à la fin de l'exercice courant. S'il y a entente entre les assureurs des deux Etats, la mutation avec effets de droit pour tous les intéressés peut être reportée au moment de l'entrée en vigueur du présent arrangement (art. 7).

Les obligations, résultant d'accidents qui se sont produits avant l'époque de la mutation, doivent être remplies par celui des assureurs chez lequel l'exploitation, cause de l'accident, était assurée avant la mutation.

ART. 5. — Dans l'application des règles de l'assurance-accident — en particulier dans les constatations d'accidents qui incombent à l'assurance-accidents d'un pays, mais qui se produisent sur le territoire de l'autre Etat — les organisations et juridictions compétentes se prêteront une aide mutuelle, sans préjudice de leur obligation de constater d'office ces accidents.

ART. 6. — Les mesures précédentes sont applicables à ceux des employés de l'Empire d'Allemagne, de l'un des Etats de l'union allemande, ou d'une circonscription administrative allemande, employés dans les exploitations assurées obligatoirement et de l'espèce désignée à l'article 1, pour lesquels existent toutefois (à la place de l'assurance-accident allemande), des mesures de secours au cas d'accidents, au sens du § 7 de la loi allemande d'assurance contre les accidents industriels.

Dans ces cas, à la place de l'administration impériale d'assurance appelée à décider aux termes de l'article 2 — prennent la décision pour les employés impériaux le chancelier impérial, pour les employés d'Etat et les employés des circonscriptions administratives l'autorité centrale des Etats particuliers.

Dans l'application des lois allemandes de protection contre les accidents, les prescriptions de ces lois concernant la mise en valeur de tous autres droits nés d'accidents et fondés d'après les lois allemandes sont aussi valables pour les recours provoqués par un accident arrivé en territoire luxembourgeois et fondés d'après les lois du Luxembourg.

Art. 7. — Cet arrangement entrera en vigueur au commencement du mois qui suivra sa conclusion. Il peut, de part et d'autre, être dénoncé le 1ᵉʳ janvier de chaque année, pour ladite dénonciation produire son effet à partir du 1ᵉʳ janvier de l'année suivante.

ANNEXE IX *bis*

Convention germano-luxembourgeoise du 2 septembre 1905

Article premier. — Toute entreprise (les exploitations agricoles et forestières exceptées) établie sur le territoire des États contractants, exercée temporairement sur le territoire de l'autre et assujettie dans les deux à l'assurance contre les accidents du travail reste soumise, pour l'ensemble de ses ouvriers, à la législation du pays où elle a son siège principal. — Cette disposition ne s'applique qu'en l'absence de convention passée entre les établissements d'assurances intéressés et approuvée par le Chancelier de l'Empire allemand et le Gouvernement luxembourgeois. N'est considérée comme entreprise occupée temporairement, aux termes du présent accord, que celle dont la durée probable ne dépassera pas six mois. Ce délai se calcule séparément pour chaque partie d'entreprise située dans l'État voisin. — Sont considérés comme occupés passagèrement les employés de chemins de fer qui traversent la frontière avec les convois et ceux qui, délégués dans l'État limitrophe à titre de suppléants, en cas d'urgence, y font une durée de six mois au plus, tout en conservant leur domicile dans le pays où ils exercent habituellement leurs fonctions.

ART. 2. — Toutes contestations relatives à la législation (allemande ou luxembourgeoise) à appliquer, conformément à l'article 1er, sont de la compétence exclusive et en dernier ressort de l'autorité de l'État où les travaux, causes du procès, ont été accomplis ; cette disposition ne s'applique qu'en l'absence de toute stipulation contraire conclue entre les établissements d'assurances intéressés, les entreprises et les bénéficiaires d'indemnités, au sujet des litiges concernant l'indemnisation. Les autorités compétentes sont : pour l'Allemagne, l'office impérial des assurances ; pour le Grand-Duché, le gouvernement luxembourgeois. — La décision rendue dans les États contractants oblige l'établissement d'assurance de l'autre État ; son autorité s'étend, sans effet rétroactif, à la procédure à suivre et notamment aux questions de cotisations, indemnités et compétence des organes respectifs des institutions d'assurance. L'autorité désignée à l'alinéa premier ne rend sa décision qu'après avoir demandé l'avis des établissements d'assurance intéressés, des chefs d'entreprises et des bénéficiaires d'indemnités, quand la procédure d'indemnisation est déjà engagée ; la décision est signifiée aux intéressés

ART. 3. — Lorsque le droit à l'indemnité est certain, mais qu'on ignore si c'est un établissement d'assurance allemand ou luxembourgeois qui en supportera définitivement la charge, celui des deux qui sera saisi le premier de l'affaire pourvoira provisoirement aux dépenses, selon les lois le régissant. — Une décision ultérieure désignera le débiteur définitif.

ART. 4. — C'est à la fin de l'exercice en cours, que les établissements industriels situés dans l'un des États contractants et tombant sous l'application de la présente passeront sous la législation de l'autre État. Mais les établissements d'assurance sont autorisés à faire coïncider l'époque de leur changement de législation avec la date de la mise à exécution de la présente convention. Ils demeureront tenus de toutes les indemnités motivées par des accidents antérieurs à l'époque ci-dessus.

Art. 5. — Les autorités et organes compétents d'un des deux États où s'est produit un accident soumis à la législation de l'autre État, sont tenus de prêter à ce dernier leur concours durant toute procédure d'accidents du travail, et de lui fournir notamment tous les renseignements utiles sur le sinistre, sans préjudice de l'obligation d'ouvrir d'office une enquête sur l'affaire.

Art. 6 — La présente convention s'étend aux employés de l'Empire allemand, d'un des États particuliers, ou d'une circonscription administrative de l'Allemagne occupés dans une entreprise visée à l'article 1er, bénéficiant non de l'assurance contre les accidents du travail, mais des secours en cas d'accidents prévus par l'article 7 (loi allemande contre les accidents du travail dans l'industrie). — Le Chancelier de l'Empire, pour les employés de l'Empire, et le gouvernement des États particuliers pour les employés des États particuliers et des circonscriptions administratives, remplacent l'office impérial des assurances dans les cas prévus à l'article 2. — L'application des lois allemandes sur l'assistance des employés des administrations publiques allemandes entraîne application de la procédure allemande à toute demande fondée sur les lois allemandes, mais relatives à un accident survenu au Luxembourg et motivant une indemnité en droit luxembourgeois.

Art. 7. — La présente convention entrera en vigueur le 1er du mois qui suivra la date à laquelle a été conclue la présente convention. — Les parties ne pourront en obtenir la résolution que le 1er janvier de chaque année et après avoir dénoncé la convention un an au moins à l'avance.

ANNEXE X

Convention germano-hollandaise du 27 août 1909

ARTICLE PREMIER. — Les entreprises soumises à l'assurance contre les accidents du travail dans les deux pays contractants, qui ont leur siège sur le territoire de l'un d'eux et se livrent à des opérations sur le territoire de l'autre, sont assujetties, quant à ces opérations, à la législation du pays où elles sont effectuées, sous réserve des cas prévus aux articles 2 et 3 ci-après.

Les parties d'entreprises situées dans un des deux pays, mais dont le siège est dans l'autre, sont considérées, au point de vue des accidents, comme entreprises distinctes de celle du siège principal.

Les mesures d'application des présentes dispositions entrent dans les attributions du gouvernement de celui des deux pays contractants qu'elles intéressent : en Allemagne, le chancelier ou son délégué ; aux Pays-Bas, les fonctionnaires compétents. Les contractants se communiqueront réciproquement les mesures prises à cet effet.

ART. 2. — Les entreprises de transport s'étendant sur les territoires allemand et hollandais à la fois sont soumises à la législation du pays où s'est effectué le trafic qui a occasionné l'accident ; peu importe l'étendue du trafic respectif dans l'un et l'autre pays.

Le personnel de ces entreprises affecté à des travaux autres que ceux du trafic proprement dit est également soumis à la première partie du présent article.

Art. 3. — Toutes les catégories d'entreprises, sans préjudice de l'application de l'article 2, sont soumises à la législation du pays de leur siège social, pendant les six premiers mois de leur exploitation dans l'autre pays et pour toutes les personnes occupées jusque là dans la partie de l'entreprise assujettie dans leur pays à l'assurance contre les accidents du travail. Quand le travail est arrêté pendant moins de trente jours, cette période est comprise dans le délai de six mois ; un chômage supérieur à une durée de trente jours interrompt le délai ; à partir du jour où il cesse, commence à courir un nouveau délai de six mois. Le temps écoulé avant la mise en vigueur du présent traité ne compte pas pour les calculs ci-dessus.

Art. 4. — Lorsque la législation d'un des deux pays s'applique à un accident survenu dans l'autre pays et ayant suivant les lois de ce dernier pays donné ouverture à d'autres droits, elle régit aussi les conditions de ces droits.

Art. 5. — Dans les cas d'accident du travail, les autorités administratives compétentes des deux pays se prêteront un concours réciproque pour la détermination des faits de la cause.

Les autorités de l'un des deux pays, qui jugeront nécessaire la déposition sous la foi du serment de témoins ou d'experts résidant dans l'autre pays, auront recours à une commission rogatoire à laquelle il devra être fait droit. L'autorité de l'autre pays chargée par son gouvernement d'exécuter la commission rogatoire ci-dessus ou compétente de plein droit en cette matière citera d'office les témoins ou les experts et emploiera au besoin les moyens de coercition prévus par la législation nationale.

Art. 6. — Lorsque la législation sur les accidents du travail d'un des deux pays s'applique dans l'autre, elle bénéficie également de l'exemption du timbre et des droits prévue par la législation sur les accidents du travail de ce dernier pays.

ART. 7. — Le taux des primes ou des cotisations ne subit point d'accroissement par le fait que le siège social de cette entreprise se trouverait dans l'autre pays.

ART. 8. — Les dispositions des articles 4 à 7 s'appliquent aux entreprises soumises à la législation d'un des deux pays, même en l'absence des conditions prévues à l'article.

ART. 9. — Les dispositions de la présente convention régissent également les employés de l'Empire, d'un État confédéré ou d'une circonscription administrative allemande appartenant à des entreprises assujetties à la loi sur les accidents du travail, mais bénéficiant au lieu de l'assurance du droit commun contre les accidents d'un avantage équivalent au sens de la législation allemande.

ART. 10 — Chacun des deux gouvernements contractants établira et se communiquera réciproquement un barème nécessaire dans le cas d'application de sa législation nationale pour le calcul du salaire exprimé en monnaie de l'autre pays.

ART. 11. — La présente convention devra être ratifiée et les originaux en seront échangés aussitôt après que cette formalité aura été remplie.

La présente convention entrera en vigueur le premier du mois postérieur à celui qui suivra la date de l'échange des originaux ci-dessus.

Les deux parties pourront de tout temps dénoncer le présent traité qui perdra force obligatoire à partir de l'expiration de l'année civile où cette formalité aura été remplie.

Les obligations résultant d'accidents antérieurs au jour de la mise en vigueur de la présente loi resteront à la charge de l'établissement d'assurance qui avait à les remplir jusqu'ici.

À l'inverse les établissements d'assurance qui auront assumé des obligations résultant d'accidents du travail sous le régime de la présente convention en demeureront chargés par la suite.

ANNEXE XI

Ordonnance du Conseil fédéral allemand du 22 février 1906, en faveur des ouvriers belges

1. Les dispositions du paragraphe 94, n° 2, de la loi d'assurance contre les accidents dans l'industrie, et du paragraphe 37, alinéa 1er, de la loi d'assurance contre les accidents dans les entreprises de construction, relatives à la suspension de la rente à l'égard des étrangers qui n'ont pas la résidence habituelle dans le pays, ne s'appliquent pas aux ressortissants du Royaume de Belgique, même lorsque les titulaires de rentes n'ont pas leur résidence habituelle dans les districts du Royaume de Belgique qui doivent être, au sens des dispositions précitées, considérés comme territoire frontière en vertu de la résolution du Conseil fédéral en date du 13 octobre 1900.

Le droit de toucher la rente est subordonné toutefois à la condition que le titulaire, aussi longtemps qu'il ne réside pas en territoire allemand ou dans un arrondissement étranger considéré comme territoire frontière au sens des dispositions susvisées, en vertu d'une résolution du Conseil fédéral, se conforme aux prescriptions décrétées ou à décréter pour les nationaux par l'Office impérial des assurances, d'après le paragraphe 94, n° 3, de la loi d'assurance contre les accidents dans l'industrie. A l'égard de ces titulaires de rentes, le jour de l'entrée en vigueur de la présente résolution est considéré comme jour d'entrée en vigueur des prescriptions de l'Office impérial des assurances, en date du 5 juillet 1901.

2. Les dispositions du paragraphe 21 de la loi d'assurance contre les accidents dans l'industrie et du paragraphe 9 de la

loi d'assurance contre les accidents dans les entreprises de construction, relatives à l'exclusion du droit à la rente pour les survivants (ayants-droit) ne s'appliquent pas aux ressortissants du Royaume de Belgique, même lorsqu'ils n'ont pas, au moment de l'accident, leur résidence habituelle dans les districts du Royaume de Belgique considérés comme territoire frontière, en vertu de la résolution du Conseil fédéral en date du 13 octobre 1900.

3. Les dispositions qui précèdent ont un effet rétroactif à partir du 1er juillet 1905, pour autant que la demande d'indemnité n'ait pas fait l'objet d'une décision passée en force de chose jugée lors de l'entrée en vigueur de la présente résolution.

4. La présente résolution entre en vigueur le 1er mars 1906.

TABLE ANALYTIQUE DES MATIÈRES

CHAPITRE IV

Droits des ouvriers étrangers victimes d'accidents en France

CHAPITRE V

Procédure en cas d'accidents arrivés à des ouvriers français à l'étranger et à des ouvriers étrangers en France

CHAPITRE VI

Conflit des lois sur les accidents du travail

CHAPITRE VII

Effets de l'assurance contre les accidents du travail dans le conflit des lois et des jugements ; Garanties

CHAPITRE VIII

Traités diplomatiques concernant les accidents du travail

CHAPITRE IX

Conclusion

ANNEXES

FIN